全国小学生校园美文精品集萃丛书

七色阳光小少年

小荷才露尖尖角

《语文报》编写组 编

时代文艺出版社

图书在版编目（CIP）数据

小荷才露尖尖角 /《语文报》编写组编. —长春：时代文艺出版社，2018.8（2023.6重印）
（"七色阳光小少年"全国小学生校园美文精品集萃丛书）
ISBN 978-7-5387-5893-1

Ⅰ.①小… Ⅱ.①语… Ⅲ.①作文－小学－选集 Ⅳ.①H194.4

中国版本图书馆CIP数据核字（2018）第125470号

出 品 人　陈　琛
产品总监　郭力家
责任编辑　徐　薇
装帧设计　孙　利
排版制作　隋淑凤

本书著作权、版式和装帧设计受国际版权公约和中华人民共和国著作权法保护
本书所有文字、图片和示意图等专有使用权为时代文艺出版社所有
未事先获得时代文艺出版社许可
本书的任何部分不得以图表、电子、影印、缩拍、录音和其他任何手段
进行复制和转载，违者必究

小荷才露尖尖角
《语文报》编写组 编

出版发行 / 时代文艺出版社
地址 / 长春市福祉大路5788号　龙腾国际大厦A座15层　邮编 / 130118
总编办 / 0431-81629751　发行部 / 0431-81629758
官方微博 / weibo.com / tlapress
印刷 / 北京一鑫印务有限责任公司
开本 / 700mm×980mm　1 / 16　字数 / 153千字　印张 / 11
版次 / 2018年8月第1版　印次 / 2023年6月第5次印刷　定价 / 34.80元

图书如有印装错误　请寄回印厂调换

编 委 会

主　　编：刘应伦

编　　委：刘应伦　赵　静　李音霞
　　　　　郭　斐　刘瑞霞　王素红
　　　　　金星闪　周　起　华晓隽
　　　　　何发祥　朱晓东　陈　颖
　　　　　段岩霞　刘学强

本册主编：于洪飞　许　莉

目 录

每天都是一首诗

成长的足迹 ········ 柳　笛 / 002

共同动手创文明 ········ 王艺儒 / 003

每天都是一首诗 ········ 张　晨 / 005

"小小快递员" ········ 郭思儒 / 006

晚上的餐桌 ········ 林　罡 / 008

巧手奶奶 ········ 赵浅雯 / 009

妙趣横生的"虎斗牛" ········ 吕兆思 / 010

我家的芭蕉开花啦 ········ 张婉莹 / 012

第一次喂猪 ········ 徐镜凯 / 013

校园里的记忆 ········ 贾　云 / 014

我的青春书架 ········ 李嘉贝 / 016

旅途 ········ 彭美蓉 / 019

悠游鼓浪屿 ········ 林晓娆 / 020

今天，我是支笔 ········ 朱亚林 / 022

分享我的第一次 ········ 钟晨韵 / 023

我有话要说 ……… 燕　静 / 024

留一点儿信心给自己 ……… 陈　墨 / 026

有你，我的年华不寂寞 ……… 范　凯 / 027

一扇窗 ……… 杨　宽 / 029

我的偶像爸爸 ……… 谭晓燕 / 030

那背影 ……… 田　林 / 032

夺书之战 ……… 赵子恒 / 034

暖着心窝的一件事 ……… 朱丽佳 / 035

老师您好，我的好老师 ……… 魏然栋 / 037

爱要怎么说出口 ……… 张博宇 / 038

徒步穿越羊草山 ……… 陈家俊 / 040

三轮车上的奶奶 ……… 王一涵 / 041

超载的后果 ……… 刘忻君 / 043

今天我穿了长袖衫 ……… 袁子珺 / 044

在平淡的日子里 ……… 唐　蕾 / 045

我有一个"风"妈妈 ……… 林希妤 / 047

从天而降的蚊子 ……… 苏海心 / 049

观纵横交通，秀文明风采 ……… 彭子藤 / 050

生活因你而精彩 ……… 王馨悦 / 052

鱼忘三秒，人忘三年 ……… 周　逸 / 054

忆小城 ……… 解雨轩 / 055

感受幸福 ……… 朱　涛 / 057

我的第一次骑行 ……… 彭思源 / 059

年味十足的春节 ……… 邹雨晗 / 060

伴着浓浓的爱出发

我的姥爷 ········ 刘 佳 / 064

伴着浓浓的爱出发 ········ 吴洪蓝 / 065

抵达 ········ 朱 军 / 067

我和爸爸"窝里斗" ········ 朱怡阳 / 068

晒出我的思念 ········ 付 佳 / 070

离别前奏 ········ 卢惠嘉 / 071

擦地板 ········ 肖 曼 / 073

瘦的烦恼 ········ 王思远 / 075

龙泉探梅 ········ 王玉橙 / 076

我最喜欢的季节 ········ 鲁晓兮 / 077

我的母亲 ········ 车凌凌 / 079

我的妈妈是辅导班老师 ········ 姜 瑞 / 080

泣而哭之 ········ 廖 晶 / 082

点滴的爱,我记得 ········ 于 佳 / 084

打羽毛球 ········ 唐婉珺 / 085

我当班长 ········ 李玉龙 / 086

教授老爸的烦恼 ········ 韩天悦 / 088

电动车上的唠叨 ········ 沈 昕 / 090

我的"哭货"同学 ········ 袁 睿 / 091

晒到"朋友圈"的礼物 ········ 杨宇涵 / 093

你是我心中最美的时光

你是我心中最美的时光 ········ 刘玲泉 / 096

极苦小镇 ……… 袁　睿 / 097

我不太怕狗了 ……… 马胤龙 / 099

三公和黄杨木雕 ……… 金君曼 / 101

奶奶的第一次飞机之旅 ……… 陆　涛 / 103

机器人，你不懂爱 ……… 周晓冉 / 104

妈妈变了 ……… 高鸿芯 / 107

书包里的流年 ……… 杨童舒 / 108

坚持就是胜利 ……… 武永学 / 110

我最崇拜的人 ……… 李丹丹 / 111

下次我再来看你们 ……… 史均成 / 113

车站的报刊亭 ……… 杨蕊昕 / 114

包饺子 ……… 欧阳文韬 / 116

分享小秘密 ……… 林子恒 / 118

在一百年后的日子里 ……… 杨东梅 / 119

捏紫砂壶行动 ……… 魏俊杰 / 120

那一刻，幸福把我紧紧拥抱 ……… 袁继明 / 122

我为蟹狂 ……… 王家睿 / 123

妈妈祛斑记 ……… 张乐其 / 125

我的朋友"死脑筋" ……… 秦　粤 / 126

我去过脑世界 ……… 周海晨 / 128

返校随想 ……… 李泽宁 / 129

夜空中最亮的星

网络警察 ……… 周子恒 / 132

畅想青春梦　美丽万柏林 ……… 张　凯 / 133

夜空中最亮的星 ……… 周梓卿 / 134

我和爸爸去买书 ……… 杨　菲 / 136

校园一景 ……… 纪思婷 / 137

童年的朋友 ……… 陈艺轩 / 139

晒蓝天 ……… 崔凤鸣 / 140

牛气十足的电动车 ……… 杨雅淇 / 141

我的老爸是村官 ……… 黄嘉怡 / 143

别让我的真心散得像沙 ……… 白　露 / 144

超级路盲症 ……… 张子瑞 / 146

我家的金子 ……… 姚欣然 / 147

我的朋友金大德 ……… 金悦山 / 148

心中的荷 ……… 张心怡 / 150

老爸减肥 ……… 朱晨曦 / 152

姐姐做鱼记 ……… 唐　涛 / 153

从天而降的作业山 ……… 包晨昕 / 155

我的高冷同学 ……… 曾易青 / 156

家有木匠 ……… 魏　来 / 157

藏书记 ……… 李家俊 / 159

多说一声"谢谢" ……… 陈一航 / 160

我爱家乡的"牛舞" ……… 邢培培 / 162

多变的班长 ……… 李宗雪 / 163

儿时的伙伴——泡桐树 ……… 赵鼎力 / 164

每天都是一首诗

　　小小的油灯摇曳着淡淡的橘黄,简朴的书桌镌刻着岁月的痕迹,薄薄的田字格本上刻画着稚嫩的笔画。我最喜欢在爷爷的书桌上写作业了,燃着小小的油灯,在诗一般的氛围里静静思索。

成长的足迹

柳 笛

> 曾几何时,我迷上了躲在一段时光的角落,静静地怀念一段成长的历程。
>
> ——题记

转眼间,我已升入六年级。回头看看自己成长的足迹,即使坎坷,也布满一个个深深浅浅的脚印。

看,那一串渐渐模糊而轻巧的脚印,便是我婴儿时期的步伐。从出生,到蹒跚学步,到咿呀学语,那时的我,会安安静静地躺在婴儿床上睡觉,也会因不顺心而大哭一场,但大家都不会责备我,在为我操心的同时,又盼望着我快快长大。于是,在成长的路上留下了一串稚嫩的脚印。

瞧,那一串时深时浅的脚印,那是我幼时的见证。那时的日子是最快乐的,我不会因学习而困扰,不必担心没人跟我玩,不用担心做错事该怎么办,在我眼里一切都是那样新奇。我用鼻子、眼睛、手,甚至身体的每一个部位去感受这新奇的世界。那时的我,是大人眼里的"宝",每天被捧在手心里呵护着。和伙伴玩耍,和父母耍赖,无忧无虑地过着每一天,于是,在成长的道路上留下了一段幸福的回忆。

噢，那一串整齐的脚印，是我上小学时的记忆。刚开始接触书，诱惑是那么大，我开始关心起自己的学习。我会因考试考个"优"而高兴一整天，也会因被老师批评一两句而心情沮丧。一年又一年级地爬升，知识增加了，阅历丰富了，但同时也带给我不少的烦恼，我开始明白成长的坎坷与曲折。于是，在成长的道路上留下我酸甜苦辣的回味。

还有一串离我最近最深的脚印，是我上六年级以来的历程。长大了，见闻多了，道路也更坎坷了。因为有了对手的存在，我懂得了奋进；因为有了压力的鞭策，我奋起前行。功课重了，自由没了，欢笑少了，也渐渐变成熟了。一路走过的坎坷道路，让我深知成功的艰辛。

十二年的风花雪月，十二年的春夏秋冬，留下了我十二年的成长足迹，无论是直的、弯的，还是斜的，不管是哭、是笑，还是怒。相信努力的自己会在今后踏出一片平坦的路，留下一串奋斗的脚印……

共同动手创文明

王艺儒

文明，是一种很高尚的道德素养，如果要做一个文明人，就要讲文明话，做文明事，尊重他人。

若要说到文明，它不需要多么轰轰轰烈烈，也不需要多么惊天动地，它就在我们身边，在微不足道中体现着。如帮助社区清理小广告。

　　这不，星期日，懒洋洋的我正想睡个懒觉，却被一阵急促的脚步声吵醒了。我睁开蒙眬的睡眼，看到爸爸妈妈正在拿笤帚，我翻身起床，穿好衣服，问明白了缘由——帮社区义务劳动，心想，这件事我不也应该参加吗？我连忙打了个招呼，像根离了弦的箭似的跑到同学家里，与她一起朝社区跑去。

　　来到社区街道上，人声鼎沸，他们都有各自的分工，我希望我也能出一分力，便找到社区的阿姨，让她给我分配一项劳动任务。阿姨就把撕除小广告的任务交给了我。

　　我拎着沉甸甸的水桶，扛着笤帚，来到贴有小广告的墙边，我望了望，想，若再不及时清洁，这个街道可就变成"广告街"了吧。

　　自信十足的我就先擦起了这一块儿。可是十几分钟过去了，我仍停滞不前，因为现实与我想象的截然不同——它太难撕了。我看着这面小广告墙，正想放弃时，脑海中又浮出记忆犹新的一幕：过年前几天，总会大扫除，爸爸会先把旧的"福"字上沾上水，再撕就好撕了，然后再贴上新的福字。我照着葫芦画瓢——按照爸爸的做法，撕，就很容易了。刚刚还无奈的我瞬间欣喜若狂。

　　我越干越带劲，下午，我累得活像一只"小哈巴狗"，坐在凳子上，胳膊酸腿也麻，想：干个活儿可真不容易！但我还是很开心的。因为这一条街道都变干净了，而且，文明就是要靠我们共同动手创造的。

　　让我们携起手来，从小事做起，从现在做起，共同创造一个文明社会吧！

每天都是一首诗

张　晨

奔涌的诗情，如刚入夜的星空，刹那间绚烂绽放。

——题记

　　寂静的清晨，独自摊开心爱的名著，任心灵在页码间游荡。墨色的山腰笼着青幽的云。天边的残月仍不舍离去。群鸟惬意地享受着这诗一般的晨景，扑扇羽翼自由地飞翔在还未明亮的天空，不时地吟上一首欢快的清脆小调，辽远又富有诗意。浪漫而又清丽的文字，不经意间印在了我的脑海，心情也格外的舒畅。朝阳依山而升，新的一天在此刻唯美地开幕……

　　诗一样的文字，诗一样的景，诗一样的清晨，营造出诗一般绚丽的一天。

　　暖阳温柔地穿过明窗，跳跃在我们的课本上。老师绘声绘色地讲着，阳光里映着一张张年轻的朝气蓬勃的脸，他们或凝眸沉思，或欣然顿悟。一本本精美详细的笔记凝聚着莘莘学子不懈的智慧与勤奋。我不禁想写一首诗，为那以勤作径苦攀书山、以苦为舟翱游学海的同学，亦为"春蚕到死丝方尽，蜡炬成灰泪始干"的老师……

　　诗一样的暖阳，诗一样的老师，诗一样的同学，创造着诗一般的美丽的未来。

  小小的油灯摇曳着淡淡的橘黄，简朴的书桌镌刻着岁月的痕迹，薄薄的田字格本上刻画着稚嫩的笔画。我最喜欢在爷爷的书桌上写作业了，燃着小小的油灯，在诗一般的氛围里静静思索。窗外，繁星依旧闪耀，明月发出皎洁的娇羞的光晕。微风习习，一片落叶悄然飘下，寻觅母亲的根，化为泥土，永远地守候……

  诗一样的小油灯，诗一样的夜空，诗一样的落叶，寻觅着生命诗意的一瞬。

  静寂的晨曦，和煦的暖阳，朦胧的灯光，酝酿着一首首精致的诗，温馨着平凡而诗意的生活。

  每天都是一首诗。

"小小快递员"

郭思儒

  不知从什么时候起，妈妈爱上了网购，一看见喜欢的东西，便毫不犹豫地"买！买！买！"隔三岔五，妈妈就会让我去楼下取快递，不知不觉中，我变成了家里的"小小快递员"。这不，任务又来了！

  "思儒，吃完饭后去楼下把快递取回来。""好的，母亲大人！"我顽皮地回应。为了尽快完成我的快递任务，我三下五除二地把午饭消灭干净了。"儿子，包裹放在18栋楼楼下的菜鸟驿站，取件码是45045……""好嘞！"我推着自行车，乐呵呵地出门了。

小区后门的三岔路口，来往的行人和车辆很多，今天恰好是周末，更是拥挤不堪。但我必须穿过这拥堵的路段，骑到马路对面才能取到快递。

虽说我的车技不错，但看到熙熙攘攘的人群，我还是有些紧张，生怕撞到别人。"丁零，丁零……"我使劲儿地按着铃铛，嘴里不停地叫嚷着："请让开，请让开！"不好，前面突然走过一位老奶奶，她好像没听见我的铃声和叫声，眼看就要撞上了，我赶紧转了方向，谁知一下撞到大树上了——"扑通"，我连人带车倒在路旁。"哎哟，好疼呀！"我哭丧着脸坐在地上。路过的行人把我扶了起来。我扶起自行车，揉了揉疼痛的膝盖，继续往前走。唉，做个小小快递员真不容易呀！

我一瘸一拐地走到"菜鸟驿站"，把密码告诉了老板。老板立马为我取出快递。哇！这么大一个纸箱，抱一抱，还真有点儿沉，我该怎么拿回去呢？把纸箱放在后座上，慢慢推回去？那这送货的速度还能叫"快递"吗？不行！我得骑回去，赶紧把包裹送到妈妈手里！

我决定一手抱着纸箱，一手握着车把骑回家。不用我详细描述，你也能想象到那惊险的场面吧！幸亏我这个"小小快递员"车技还不错！正在我"春风得意"之时，路旁的灌木丛里突然冲出一只大土狗，"哐当"一声，手里的纸箱也摔落在地。要是摔坏了妈妈的心爱之物，这可怎么得了？我急忙打开包裹检查检查，所幸完好无损。我收拾好包裹，摆好姿势，继续往前骑，小心翼翼地穿过拥堵的后门，再费力地骑上一段上坡路，终于回到了楼下。此时的我，已经累得气喘吁吁了。

"儿子，你真棒！"回到家，妈妈接过包裹，开心地称赞道。那当然啦，我是名副其实的快递员嘛！

晚上的餐桌

林　冕

每天晚上，爸爸妈妈都不在家，只有我和外婆在家里吃晚饭。我们索然无味地吃着饭，时不时对望一下，很快又把目光转向其他地方。从外面偶尔传来一两声低沉的犬吠，或是一辆货车驶过时发出的"隆隆"声。

短暂的对视，貌似成了我和家人交流的唯一方式。

终于有一天，我受不了了。我爆发了！乘爸妈在家的时候，我对他们劈头盖脸一顿批评，希望他们能改正不回家吃饭的坏习惯，希望他们能多陪陪我。

"哎呀，跟你说过多少次了，爸爸妈妈工作太多，要加班才能干完。"爸爸说道。

"那也不行！"我回答，"你看看别人，哪家不是热热闹闹地过日子？我们家呢？天天就我和外婆两个人，冷冷清清的！"

"可别人是普通人，我们是军人啊！"爸爸火了。

我有点儿发怵了，不敢再说下去。就这样吧。

这天，我回到家，照例疲惫地把书包往沙发上一扔，无精打采地坐着发呆。

突然，开门的声音传入我的耳中。我以为是从隔壁传来的动静，没想到，推门而入的是爸爸！爸爸的突然出现先是把我吓得不轻，等反应过来，我立刻高兴地扑了过去，问他今天怎么这么早就回来了。正说着，只听"咔"的一声，门又开了，是妈妈！

"我们特别请了假回来陪你呀！"妈妈好像知道我要说什么，先开了口。

"高兴吧？我们保证，一有时间就回来吃饭，没有特殊原因，绝不在外面逗留。"

我太高兴了，我像一匹撒欢儿的小马，在家里跑起了圈儿。因为跑得太欢了，我一个不小心，倒在了茶几边。我虽然疼得流出了眼泪，但那也是高兴的泪水呀！

巧手奶奶

赵浅雯

瞧，不远处有一只五彩斑斓的蝴蝶正栖息在一朵娇艳的鲜花上。它昂着头，翅膀微微张开，一对触角竖向脑后。这可不是一派美丽的自然风光，而是奶奶心灵手巧的作品——毛衣上的图案。

只需要几团普普通通的毛线，几根长长短短的竹针，奶奶便能织出一件件漂亮的毛衣。用不了多长时间，各种各样的图案便巧妙而自然地呈现在毛衣上。人像、动物、植物，要什么有什么，个个栩栩如生、惟妙惟肖，令人拍案叫绝！

奶奶织毛衣的技术在老家是出了名的。常有左邻右舍送来毛线请奶奶织毛衣，奶奶从不拒绝。"谁穿的？有啥要求？要啥图案？"奶奶会把这些问题一一搞清楚，绝不含糊。干完农活后，奶奶便开始织毛衣。

奶奶搬来一张小凳子，坐在院子的大门边，戴上她的老花镜，用竹筐把毛线一兜，边晒太阳边织毛衣。奶奶倚在门边上，手指像两只蝴蝶一样上下翻飞，看得我眼花缭乱，令我惊叹不已！十天半个月后，委托人来取毛衣时，总要由衷地夸赞几句。这时候，奶奶会不好意思地挠挠头，摆摆手，像个害羞的小姑娘。

越来越多的人来向奶奶讨教，奶奶从不拒绝，总是耐心地手把手教她们。如果别人灵光一闪想出个好主意，奶奶一定会虚心请教。奶奶还常给自己"充电"呢！每次她来我们家，总会奔向书店，买上几本关于织毛衣的书，好回去仔细研究！

每当穿上奶奶织的毛衣，我眼前就浮现出奶奶翻飞的手指、专注的神情，耳畔响起那竹针碰撞的声音……奶奶织毛衣的高超技艺令我拍手叫好，奶奶的热情、谦虚、勤奋更让我备受感染！

妙趣横生的"虎斗牛"

吕兆恩

"虎斗牛"是山东省利津县历史悠久的传统民俗舞蹈，据传已经有一百七十多年的历史了。

听老人们讲，从前，利津县大北街村比较穷，别的村子正月十五耍龙灯，他们村却因为买不起制作龙灯的材料而发愁。该村的村民王继先别出心裁，用竹子和毛头纸做道具，制作了一只老虎和一头牛，让两个"动物"通过各种姿态的争斗来烘托气氛，吸引人们观看，以此庆祝节日。后来，经过几代人的努力，"虎斗牛"成了保留节目，每年元宵节，村里都会进行"虎斗牛"表演。

一阵敲锣打鼓之后，一只斑斓的猛虎出场了。这只老虎由两个成年人扮演，前面的人站立着高举虎头，后面的人弓着腰举着虎身，两人共穿一身虎服。老虎往台上一跃，摇头晃尾，威风凛凛，不可一世。表演者踏着鼓点，通过跳、转、扑、闪等动作将老虎的威猛与凶残表现得淋漓尽致。

轮到小猴子上场了。小猴的扮演者是个小孩子，他穿着猴服，抓耳挠腮，蹦蹦跳跳的。"初生猴崽不怕虎"，小猴没有见过老虎，所以并不害怕，还和老虎玩耍了起来。老虎也没有马上吃掉它，而是欲擒故纵，上演了一场猫捉老鼠的游戏，这是表演中的第一个高潮。戏弄一阵之后，老虎最终决定吃掉这只不知深浅的猴子。快看！猴子被老虎一口给吞了下去！一眨眼工夫，猴子不见了！如果你睁大眼睛仔细瞧，你会发现：两个人扮演的老虎应该有四条腿，怎么会多出来两条腿呢？原来，小猴子正藏在那儿呢！老虎围着观众戏耍，小猴子就趁机逃之夭夭啦。

这时，一个牧童骑着老牛出现了。老牛也是由两个人扮演的，前面的人举着长着大犄角的牛头，后面的人猫着腰，尾随其后，二人合穿牛服，配合默契。牧童在吃草的老牛身边睡着了，完全不知道危险已经悄悄逼近。老虎看到牧童睡着后，便向他慢慢靠近。老牛发现了老虎的企图，"虎牛大战"一触即发。老牛在前面沉着地拦着猛虎，惊醒后的牧童尖叫着挥着鞭子在老牛身后躲闪。老虎两只前脚伏地，后腿直立，屁股撅得老高，尾巴左右摇晃，做出一副攻击的架势。它猛地向上一跃，咬住了老牛的脊背。老牛"哞"的一声，脑袋一甩，大犄角挑到了老虎的脖子。老虎长啸一声,后退几步,二者继续斗智斗勇——这是"虎斗牛"最高潮的部分。老虎的凶残和威猛、老牛的沉稳和倔强、牧童的惊慌失措,在表演中展现得淋漓尽致。

此时,锣鼓声更加激昂,掌声、喝彩声此起彼伏,围观的人们一个个伸长了脖子、踮着脚尖使劲儿往里看,手都随着鼓点拍疼了。不用多说,你就知道我们的"虎斗牛"有多么妙趣横生了!

我家的芭蕉开花啦

张婉莹

歇后语说:芭蕉开花——一条心,可是我从来没看见我家的芭蕉树开过花、结过果,所以一直以为它是一株观赏植物。

今天早晨,我还睡意蒙眬地躺在床上,爸爸推门说:"快起床,芭蕉开花了!""真的?"我一骨碌从床上爬起来,三步并作两步地跳下楼去,到门外就嚷嚷:"花在哪里?花在哪里?"

爸爸指着最大的芭蕉树顶上的叶子,大概两三米高,说:"在这儿!"我抬起头往上看,这哪像花呀,分明是一只大香瓜。中间是一个大头朝下的香瓜大的花苞,呈淡绿色。顶端有一些花蕊,就像我们踢毽子用的橙色鸡毛,旁边还长着两片作文本大小的花瓣,地上有几片花瓣,形状像小船,外面是淡绿色和黄色的,略带紫色,里面是白色的。妈妈捡起一片花瓣掰开,对我说:"你看,芭蕉花瓣的纤维多像香蕉皮呀!"花上有许多蜂正飞舞着,这些蜂可不是普通的蜜蜂,它们个头真大呀，可能是马蜂或胡蜂。

我赶紧"百度"芭蕉，问题有：芭蕉果怎么吃？芭蕉花有用吗？芭蕉开花时需要肥料吗？原来，芭蕉花、芭蕉果都能食用，芭蕉树开花时需要大量肥料和水。芭蕉开花就意味着它要结果了，花后面连着一根茎，茎上长着果实。网上还说：芭蕉在亚热带一般不开花。难道今年夏天比较热，它把这儿当成热带了？

看完这些资料，我们分头工作：爸爸施肥，肥料是发酵并稀释过的尿液。我和妈妈找芭蕉的果实。它们被花遮着，又被宽大的叶子挡着。我们东张西望，终于找到前后一共三串果实，形状像香蕉，但还很小，只有手指那么长，是碧绿的。

我高兴地看着芭蕉，心想：等芭蕉果成熟了，我一定要分一些给老师、同学、邻居尝尝！

第一次喂猪

徐镜凯

今年暑假，我随家人到亲戚家玩。刚到的时候，我觉得村里空气清新，绿意盎然，一切都很新鲜，可是待久了也不免有些无趣。那天，我闲着没事干，忽然听见放农具的屋子里传出几声猪叫，我脑海里立刻闪出一个主意——喂猪。

喂猪对于农村孩子来说可能稀松平常，而对于我来说，那可是大姑娘上轿——头一回！我向亲戚说了我的想法，亲戚同意了，并帮我拌好猪食提到猪圈旁。猪圈里有两头又大又肥的猪，它们两眼眯成一条线，懒洋洋地躺在地上，大大的肚子随着呼吸一鼓一鼓的。我把猪食倒入食槽，两头肥猪听到声音后，立即"起床"朝这边走来。它们的大耳朵随着步伐有节奏地晃动着，粉红色的鼻子向前凸着，上面还有两个大大的鼻孔，庞大的身体后面有一个细小的尾巴，这可跟它们肥大的体形有点儿不相配。它们拖着肥胖的身子，走起来慢吞吞的，可是来到食槽边，吃起东西来一点儿也不慢，都争先恐后地抢着吃，笨重的身体挤来挤去，都巴不得独享槽中的美食。它们虽然身子挤来挤去，但嘴巴始终埋在食槽里，贪婪地大吃特吃，还发出"呼噜呼噜"的声音。

两头猪吃饱后，大模大样地挪到墙边，"扑通"一声趴在地上，心满意足地咂着嘴。它们靠在一起，不一会儿便打起鼾来。唉，它们可真是好吃懒做的家伙啊！喂完猪，我情不自禁地哼起了《猪之歌》："猪，你的鼻子有两个孔……猪，你的耳朵是那么大……"

第一次喂猪，给我留下了很深的印象，不仅让我体验到了农家生活的乐趣，还让我感受到了劳动的快乐！

校园里的记忆

贾　云

虽说当学生也有五个年头了，上过的课数不胜数，但是，有一节课，一直保存在我的脑海里，成为我校园生活最精彩的记忆之一。

那天下午，自习课的上课铃声刚响，班主任就健步走进了教室。在讲台边站定后，他一反常态，啥都不说，只将左手一直朝前平举。手里托着的，是一个大纸包。同学们都不知他葫芦里卖的什么药。

"这两天，你们有没有丢了什么东西啊？"班主任终于开口了。他的话音刚落，同学们就迫不及待地检查起自己的随身物品来：有的在查看桌面上的课本，有的在翻看手边的文具，有的在拨弄口袋里的钱包……一番动荡之后，大家不约而同地你看看我，我看看你，最后，又不约而同地将目光齐刷刷地投向了班主任。

"到底有没有丢了东西？"班主任追问。我们摇摇头。"不对。每个人都丢了两样东西！只是糊涂的你们，还没发现。"听完，我们更是丈二和尚摸不着头脑，只能面面相觑了。

"你们知道这里面，包的是什么吗？"班主任将手往高处抬了抬。"不知道！""想知道吗？"服了他了！胃口被高高吊起来的我们，好像一直在摇头。

"里面装的，就是你们丢掉的东西！而且，你们丢的，都是同样的东西！"班主任还在故弄玄虚。同学中又有人骚动了一会儿。"课前，我在这些小纸包上分别写了你们的名字。念到名字的，请上来领取。领到以后，先不要打开。"等全都安静下来后，班主任边说，边将大纸包打开。

我们怀着兴奋的心情，一一走上讲台，再小心地捧着纸包走回座位。班主任刚宣布："好，打开吧！"我们便迫不及待地对那小纸包动起手来。"呀！我的纸包里怎么会是瓜子壳？"李明同学第一个大叫。接着，"橘子皮！""辣条袋子！""废纸团！"……类似的声音，不绝于耳。我的，是一个发霉的苹果核。

班主任示意大家安静："同学们，这些瓜皮果屑，是我从你们的抽屉里，课桌附近的地面上捡来的。我说的没错吧？你们每个人都丢了两样东西：一样是这些瓜皮果屑本身，另一样则是良好的生活习惯。昨天，这些垃圾恳求我替它们给大家捎句话，'请送我们去垃圾桶吧！天冷，不要再让我们无家可归了。'"

听完瓜皮果屑捎来的话，教室里安静极了。大家的表情出奇地一致——羞愧万分！从此，我们班的卫生环境一直很好，我也再没有随手丢过垃圾。

那真是一节特殊的班会课，也是我最难忘的一节课！

我的青春书架

李嘉贝

我有一个大大的书架，用来存放我所有的青春飞扬，所有的沉心思考。

——题记

我的书架一共有四格，上面一排排陈列着我从小到大看过的书，每一本都能让我"乐不思蜀"。在有阳光的午后，拉开窗帘，我坐在窗边，捧着一本或厚重或轻巧的书，安静地沐浴在阳光下，沉浸在古今中外历史文化浩瀚的知识海洋里。

第一排 学习宝典

《数学冲刺习题》《新华词典》这样的教辅书、工具书占据书架上最显眼的那一格,也花去了我生活中最多的时间。书本时有更换,数量却只增不减,从"人、口、手"到"之乎者也",从"1+2"到"语数外",教科书伴随我从幼儿园到小学,由一个懵懂孩童到青春少女,被知识武装的头脑也越来越灵活。知识是进步的阶梯,教科书将继续伴随我的青春岁月。

第二排 文集荟萃

浙江一所中学的文学社每年都出版一本作文集,收录的是高中哥哥姐姐发表过的习作。《紫藤花苑》《遇见你真好》《青春风铃》都是极好的书呢!其中任逍哥哥和王妍姐姐写的小说最好看。我特别喜欢已经考到清华大学的王妍姐姐的文风,《护剑行》《玉笙寒》都出自她之手:"河水的手,黑暗的喉,月光吊起的竹楼,谁为我清煮好酒?"这种倾向古风、极富诗意的简练文风,是我的最爱。《玉笙寒》用唯美的文字撰写着一个悲伤的故事,一路渲染,一路铺垫,篇幅虽不长,却跌宕起伏,曲折离奇,催人泪下。

我也很喜欢《青春风铃》里一位姓丁的姐姐写的散文《我走过》,我做了五次摘抄来记录其中的精华。譬如:"荆棘是热爱的痛,柳条是新生的香,樱花是一颗不会老去的心。""那里有希望之河汩汩流经命运的缝隙,以炫目的光芒擒住刹那间的呼吸。"这些细腻生动的文字中有水晶心在闪耀,吸引我读下去,读下去……

第三排 历史书籍

"以铜为鉴,可以正衣冠;以人为鉴,可以明得失;以史为鉴,可以知兴替……"我酷爱中国历史,尤其喜欢阅读唐代史。我知道唐代是一个国力强盛、文化繁荣的朝代,李白、杜甫、王维、韩愈、柳宗元、李世民、魏征……唐朝历史的天空中群星璀璨，故事繁多。我特别喜欢一代女皇武则天，她性格多面：残忍却又睿智，多疑却有决断，虽然皇位来路不正统却能令男性臣服，以女子之身治大国而毫不逊色于男子，这样强势的女子在中国历史上写下了最绮丽的一笔，也令千年之后的我倾心景仰。

一本本史书读下来，历史如长河在我眼前奔流，浪花飞溅处，是民族的辉煌与骄傲，让我们能挺起胸膛做一个骄傲的中国人。

第四排 古代诗词

"明月几时有？把酒问青天。不知天上宫阙，今夕是何年。""庭院深深深几许，杨柳堆烟，帘幕无重数。""多情自古伤离别，更那堪冷落清秋节"……这些都是我从《宋词三百首》中记下来的名篇佳句，在词的意境熏陶下，我变得细腻敏感，开始自己构思、写作一些故事。妈妈看到我写的一些文章，认为色调有些灰暗，于是推荐我读一些唐诗，例如"长风破浪会有时，直挂云帆济沧海""忽如一夜春风来，千树万树梨花开""安得广厦千万间，大庇天下寒士俱欢颜""沉舟侧畔千帆过，病树前头万木春"……我慢慢感受唐诗与宋词不一样的境界：开朗、辽阔，这种向上的激情和昂扬的气质令人折服，自己不知不觉也变得开朗了。

我的书架上，装下了我的整个青春，也装下了我的回忆和将来的努力的方向。我还将流连在书架边，如同人生沐浴在阳光下，青春有了书本的陪伴，充实也愉快！

旅　　途

彭美蓉

蜿蜒曲折的幽径，在雨的摧残下变得泥泞起来，我们的脚步也愈发慢了。遥望远方，层峦耸翠，上出重霄，若隐若现。近水草花迷客眼，远山云雾撩人心，临风而立，"会当凌绝顶，一览众山小"的豪情便油然而生了。

雨，静静地下着，自顾自地潇洒，山中的万物也静静地躺着，如同故事中的睡美人，等待王子的一吻，时光在这刻静止，宁静和谐，这份美好到底只属于天地和大自然，而我们，仅是它生命中的过客罢了。

路，时而平坦，时而陡峭，忽暗无天日，忽重见光明，我们的心情也时悲时喜。我们需攀岩走壁，也需涉水而行。这条路，漫长而艰辛，却又不忘，给人留一点儿空白，让人遐思空白背后"山重水复疑无路，柳暗花明又一村"的风景旖旎，脸上流淌的液体越来越多，我已分不清是汗还是雨了。

"树叶沙沙响，陪我去流浪，这条路要走多长，无论多彷徨，沿途要欣赏，曾经的痛和希望……"唱着熟悉的歌，走在陌生的路上，终究有些害怕，但我相信风雨过后，眼前会是鸥翔鱼游的水天一色；走出荆棘，前面会是铺满鲜花的康庄大道；登上山顶，脚下会是积翠如云的空蒙山色。

方向还在，希望还在。

古旧的青石阶，我们拾级而上，当我们步履蹒跚地迈上最后一个台阶时，山间凉风习习吹来，着实令人心旷神怡。登高远望，不禁有王勃"遥襟甫畅，逸兴遄飞"的豁朗，又有苏轼"寄蜉蝣于天地"的感慨。高处风光无限好，古往今来，多少英雄为之倾倒。

人站得越高，心胸便越开阔，这是给自己艰难跋涉最好的补偿。

"回首向来萧瑟处，归去，也无风雨也无晴。"笑看来时路，虽苦尤甜，风风雨雨，坎坎坷坷，我们不曾被打倒，沿途风景，我们不曾错过。人生就像旅行，重要的就是沿途的风景和看风景的心情。我们没有到达理想的顶峰，但我们没有遗憾，至少我们曾经坚持过、努力过。

每个人都在前行的途中不断积累东西，很多人只知道一味地往自己口袋里堆积东西，不知道放下一些，以至于身心疲惫，人要有所得必有所失，错过了太阳，就不会错过群星，而且，此处风景尚好。

曾听过这样一句话，旅行的美妙就在于一瞬间，眼前看见的一切使内心突然涌上来的无限美好与安静。

人生路，尽管走下去，不留足迹，只带走停留在心中最美的风景。

悠游鼓浪屿

林晓娆

放慢你的脚步，慢些，再慢些，跟我一起悠游鼓浪屿。

碧波荡漾的大海是美的。碧蓝的海水，湛蓝的天空，一眼望去天和海仿佛连接在一起。大海，大海，你是这样顽皮，你伸出双手，在岩石的身后重重一拍，眨眼间，却又没有了影子。大海，大海，你是最热情的听众，你没日没夜地为悠扬的琴声鼓掌，对演奏者回以最热烈的掌声。大海，大海，你是一块蓝色的宝石，在阳光的爱抚下闪闪发光，蓝得清爽，蓝得安静。大海，大海……

那一家家小店是美的。岛上布满了一家家别有风格的小店，这成了鼓浪屿上一道特别的风景线。一家家小店，高矮不一，风格不同，看似杂乱无章，细细观察却别有一番风味。你知道如何用梭子织一件衣服吗？"布织道"的姐姐们，会用灵巧的双手告诉你答案。你知道旅馆里也有风景吗？"张三疯猫窝旅馆"以花猫、馋猫、懒猫等为主题，给你带来一间童话一样的旅馆。你敢和我一起来"联邦调茶局"喝茶吗？这儿可是"FBI"的地盘哦。走进联邦调茶局，一阵阵馥郁的茶香扑面而来，沁人心脾。橙色的小灯，古色古香的小木桌，给它蒙上一层奇妙的色彩。"赵小姐的店""古追""阿甘慢递"……一家家特色小店，在鼓浪屿上等你发现。

岛上的琴声是美的。漫步在这个岛屿上，你时不时会听到阵阵优美的琴声，那优美动听的音符中好像都住着一只小精灵，他们自由地跳动，随心所欲地舞蹈。伴随着动人琴声的还有鸟语和花香，聆听着天籁之音，让人如痴如醉。小小的鼓浪屿上，几乎每一户人家都有钢琴，这里还有自己的音乐学院和钢琴博物馆，所以鼓浪屿有"钢琴之岛""音乐之乡"的美称。

……

鼓浪屿上的一切都是美的！

今天，我是支笔

朱亚林

早晨，我一醒来，立刻下床，不，是从桌上跳起来，惊讶地看着自己的双手，"嗨！我什么时候套上了精钢护腕？！"我惊讶地呼喊起来。

"因为我和你互换了。"一个瓮声瓮气的声音传过来，"我是笔！我和你互换了，你变成了我，我变成了你！"

我惊讶极了。"这一点儿科学依据都没有！"我大吼一句。

不过，这居然是真的！噩梦才刚刚开始！我被大力地握住腰，来不及抗议，就被甩了起来。我口吐白沫，不省人事。几乎都要成脑震荡的患者了！

突然，震荡停止了。"我"喊道："肚子饿死啦！"爸爸马上端着牛排进来了。我只好在一旁流口水，要不是笔流不出口水，我家早就被大水淹了！

不久，"我"便吃完了牛排。谁知，"我"刚开始写，我便写不出墨来。我被"我"粗暴地扔在一旁。我躺在墙角痛苦地呻吟。全身散了架一样，火辣辣地疼。过了好久，我才被重新使用。"我"还嘟囔："再写不出来的话就扔掉吧。"我心里就像放进了一块千年寒冰，冷到了极点。

幸好，这次，我写出了墨。但紧接着，"我"却玩起了转笔，我飞快地转了起来，一阵晕眩。

结束了海盗船般的摇晃，我连上下左右都分不清了。

我暗想："这不是我折磨笔的样子吗？对了，我好像还——啊，拦腰折断——"

"啊——"我好像被雷劈了一下，从梦中醒来，发现全身都湿漉漉的。

我摸摸腰，还好，没断。

看着桌上被折断的笔，我感到非常歉疚。以后，我一定不会拿笔出气了；以后，我再也不会无视笔了，它也有生命。

经过这次经历，我知道了：不能拿工具出气，任何东西，都有——生命！

分享我的第一次

钟晨韵

在我的童年里，有许多的第一次：第一次炒菜、第一次洗碗、第一次考差……数都数不清。但是，我最想和你们分享的，却是第一次晾衣服。

一个中午，我拉完小提琴后便没事做了。爸爸见我无所事事，便叫我晾衣服。我一听，立马跑到阳台上，开始干活儿。我本以为自己可以像爸爸妈妈一样，轻而易举地拿起撑衣架，谁知，我的力气太小了，一只手根本拿不起来，只得用两只手拿。接着，我跑到洗衣机前一看，呀，里面有一大堆衣服，还打了结！我好不容易才"解救"出一件小内衣。我拿出一个绿色的衣架，把它的"左手"插进衣服的左袖，"右手"插进衣服的右袖，然后开始把它往撑衣架上挂，我用尽全力把衣服往上举起，可还是够不着撑衣架。我灵机一动，搬来了一张小板凳，站在上面。哈，这下够着了！很快，我就把所有的上衣都晾好了。

下一步，我要晾裤子。爸爸的裤子是家里最大的，我拎起一条他的裤子，拿起衣架，左插，右插，"啪！"啊？裤子掉了！我在心里嘀咕：爸爸的"屁股"也太大了吧，连衣架都撑不住。我只好把爸爸的裤子叠起来，挂到衣架上。爸爸的裤子本来就重，再加上水的重量，更是重上加重。我摇摇晃晃，终于把它挂在了撑衣架上，好不容易呀！

最后，我把色彩缤纷的袜子和短裤晾好，就大功告成了。

"滴答，滴答……"水珠落了下来。阳光照在五颜六色的衣服上，我好开心呀！

我有话要说

燕 静

奶奶，我想你——

在我的家庭里，除了爸爸妈妈疼我，接下来要说最疼我的，莫过于我那年过七旬的奶奶了。

　　我的奶奶从我小的时候就对我万般呵护与关爱，我还是个小不点儿的时候，奶奶就给了我春风般温暖的爱，因为我小时候就在乡村上了几季的学，那一段生理心理发育的"黄金期"是奶奶与我一同度过的，所以，我从小就非常爱我的奶奶。

　　记得五六岁那会儿，我在那条小沟里住着。有一个邻居，我们相处得非常融洽，那位阿姨的女儿高丽是我从幼儿园玩到小学的一位十分好的伙伴，她比我大两岁，但我们很投缘。我可能是因为当时年少，所以很羡慕她。羡慕她有长长的头发，家里有那么多的好玩具，羡慕她字写得快……但是我最最羡慕的，还是人家的奶奶可以经常来看她。每一次看到她的奶奶，我的眼眶中就会不知不觉地聚满泪水，因为我想念我的奶奶。

　　我的奶奶的腿脚不方便，而且石子路不平，路途又十分遥远，所以经常见到奶奶对我来说是一种奢望，可望而不可即。我实在是十分想念奶奶。于是，为了求得见奶奶一面，我经常会偷偷拿着电话请求她来我家，每次只要电话已接通，我就泣不成声了，然后号啕大哭一个小时，才算完。

　　不过，现在想起来，这也是一种不合适的做法。虽然现在见面的机会也不算太多，但我每年都会同父母回家探望。由于学业的繁忙，这种机会将会越来越少。

　　我爱我的奶奶，希望奶奶能像爱我一样爱自己！

留一点儿信心给自己

陈 墨

这是十月份发生的事。我的《难忘海南岛》在《家教周报》上发表了。一进教室,同学们纷纷向我祝贺,我很高兴。在这时候,我特别感激妈妈,是妈妈让我懂得了留一点儿信心给自己的重要性,让我懂得了有信心才能获得成功的道理。

小时候,我的作文成绩并不突出,每次写作文都是流水账,我周围的同学的作文有些发表了,有些在学校的比赛中获奖,我看着他们,充满了羡慕。妈妈让我好好写,也争取发表。我反驳说,我是发表的料子吗?作文写得一般,词藻不优美,叙事不连贯,哪个编辑会要这样的稿子呢。可是妈妈却说:"你只要自信,总会进步的。"

今年暑假,妈妈带我去海南岛旅游。一到那儿,我看见许多从未见过的新鲜事物,兴奋极了。妈妈觉得海南岛是个不错的素材,劝我记下来,写一篇游记。我看着四周人山人海,对妈妈说:"妈妈,你看周围这么多人,有多少人写海南岛,估计一抓一大把。就算我写了,内容还不是一样,千篇一律,没人会欣赏。还不如好好在这儿享受风土人情,玩个痛快呢。"妈妈轻轻摇了摇头:"每个人对事物的理解不会一样,就像一千个人读《哈姆雷特》,就有一千个哈姆雷特。只要你选材新颖,描写细腻,就一定能写出精彩的文章。"

听了妈妈的鼓励，我摩拳擦掌。回到旅馆，我就开始写关于海南的文章《难忘海南岛》，这时候，我觉得在海南岛的景物感受特别清晰。第一段，我简略地写我游览过的名山大川及特点。第二段，写我去海南的路上和为捡贝壳做的准备，海南的清晨十分凉爽惬意。第三段，写我捉到了一个活牡蛎，还一动一动的呢。第四段，写正当我得意时，旁边的一个叔叔抓到了一个更加稀有的红绿两色的水母，诡异狰狞。第五段，写我放生牡蛎，搜集贝壳。最爱的是一个紫纹金边的贝壳，对它爱不释手。最后一段，写海南独特的热带风情，留给我美好回忆。写好后，我轻读了几遍，微微修改了一下，使语句优美些，觉得很满意，便给妈妈看，妈妈也觉得很好。于是，我们把稿子寄到报社，期待着发表。

在那个空气中弥漫着喜悦的清晨，我拿到了刊登着我的文章还带着淡淡油墨香气的报纸，心里特别高兴。这时候，我又想起妈妈的话。留给自己一点儿信心，才能享受成功的果实，有了信心，才能走出精彩的未来！

有你，我的年华不寂寞

范　凯

捧一壶香茗，执一卷诗词，在落叶纷飞的傍晚，借着斜阳的余光，轻吟着文字。

自从有了你，小小的两三岁的我就开始不那么寂寞了。每天缠着父母读故事的我，已经悄悄地踏进了你的大门。直到我能凭借自己的力量看完一本书，我才知道原来我之前接触的你皆是冰山一角。

自从读了陶渊明的《归去来兮辞》，我便幻想着也能够成为那样的一名隐士，隐于山水之间，品茶论道，岂不快活？从那以后，我就爱上了品茶，仅仅是因为我的想象。

自从读了《唐雎不辱使命》，我就开始想象着文中唐雎所说的那几名刺客矫健英猛的身影，便希望也能做一名刺客。由于我身材较胖，那种腾飞之势便是毫无念想。至于武器，后来倒是缠着姥姥给买了一把短木剑，结果在一次玩儿的时候碰到墙上磕断了。从此便断了念想，老老实实做一名红旗下的好少年。

自从读了杜甫的《石壕吏》，我也曾想过穿越到那个时代，做一名隐姓埋名的英雄，劫富济贫，为天下人所敬仰。但是后来当我真正了解了那个时代，心头的冲动便自然而然地消弭了。在那个混乱的天下，谁去理会你一个"英雄"，几十发乱箭飞过来，早就成了活靶子。

自从读了沈复的《浮生六记》，我就开始成天成夜地向往那种闲情逸趣的生活。它和陶渊明的归隐田园不同，只是在家的一点儿小趣，便是如此美妙，那可真让人向往！但当老爹给自己讲明世事后，在社会竞争如此猛烈的当下，想要有那样的生活，恐怕得等到七老八十的时候去农村才有了。我便瞬间打消此念。

有很多书，我读了之后皆有一种欲效仿之感，但是可实现度太低，便还是老老实实上学吧。

当然，从一开始读书到现在，我心中总有着一个永远也消不去的念头：在黄昏斜阳的照映照下，惬意地靠在阳台上的座椅上，捧一壶香茗，执一卷诗词，看房外落叶纷飞，借着夕阳的余光，轻吟着文字，享受着片刻的欢愉，当真美妙。

我想，在这个雾霾汹涌的社会，能够有这样的黄昏，貌似只是有一点儿希望。但是，在我认为，即使一点儿希望也是有的。毕竟，这是我心中读书的至高境界。宁静致远,在这样的一方安隅,享受这样的一片艳霞,体会这样的一种感悟,那当真是人生的一大乐事。

当然,书籍带给我的,远远不止这些。只是鄙人感悟颇浅,又迫不及待,只好言至于此。而也正是因为综上所述的种种因由,书,才能真正"侵吾肌肤",如清风扑面一般,悄悄地充斥着我生活中三百六十五天的分分秒秒,让我的青春不再空虚,让我的年华不再寂寞!

一 扇 窗

杨 宽

我的房间有一扇窗,朝着北面,终年无阳光的照射,迎来的只有冬天一股股寒风长驱直入,对此我非常反感,除了必要的通风,那扇窗我连碰都不碰一下。

一日,弟弟惶急地跑过来对我说:"姐姐,你房间的窗户坏了。"我走过去一看,窗锁扳坏了,打开的窗怎么也关不上,我无奈地看着一旁低头看地面的弟弟,想到吹来一阵风就能让桌子上纸花满天飞。不仅有些愤慨。

事实上,那天的天气格外的晴朗,暖风吹得树叶沙沙作响,透过窗子迎面吹过来,仿佛还带着属于绿叶的清新,使平时足不出户的我好像与大自然形影不离,偶然抬起头来,还可以将头探出窗外,看看那蔚蓝辽阔的天空,想象着自己的心也如此宽广……

关不上的窗,它所面对的世界是开阔的,它可以过滤尘埃,也可以收获阳光，不管是好是坏，凡事来者不拒。

其实，无论我们是否愿意打开它，那扇窗总在我们生活的一点一滴中，它名为"接受"。在这个世界上，不是所有你所憧憬与希望的事都会发生，也不是事事都如你所愿，我们无法改变这个事实，那就只有接受它。

不是所有人都能学会接受。我很喜欢这一段话："……月亮虽漂亮，但它那么大，没有一颗容量足够的心，你拿什么装？"想要迎接春风，先要打开窗户，如果你本身心胸狭窄，总是为一点儿小事闹不愉快，又怎会留出地方装下"月亮"？

接受和纵容虽然都有采纳的意思，结果却大不相同，每个人都有不喜欢的老师，懂得接受的人会包容他，理解没有人能让所有人喜欢，不会因为老师而影响到学习这门学科的兴趣，只会纵容的人却只因为这个老师而放弃这门学科的学习，最终只会害了自己。

人生是一个复杂的过程，匆忙而漫长，但如果心中始终有一扇关不上的窗，会让这个过程中的每件事都有了独特的意义，保持着对未来的无限动力。

我的偶像爸爸

谭晓燕

我的爸爸是一名律师，平常工作很忙，但也做出了成绩。他经常得奖，我时不时就能在报纸、电视上见到关于他的报道。

其实，我对律师这个职业的了解还不是很深刻，但我可以肯定，律师是集正义和智慧为一体的工作。

爸爸是个正义感很强的人。上一年级时的一个晚上，睡梦中的我被爸爸的电话铃声惊醒了。原来，一个农民工在山西发生了意外，问题迟迟得不到解决，需要爸爸火速支持。爸爸马上起床，穿好衣服，收拾好行李就出发了。五天之后，爸爸才回来。我问爸爸案子办得怎么样，爸爸说，事情很顺利，他为受害人挽回了三十六万元的损失。没过几天，一位农民伯伯给爸爸送来了一面写着"仗义扶弱，情暖百姓"的锦旗，我为爸爸感到高兴。爸爸也是一个很有爱心的律师。他加入了助学团队，经常为一些上不起学的孩子提供帮助。他还经常维护一些没钱打官司的当事人的权益。前年冬天，我和爸爸看见一个九十多岁的老奶奶孤单地坐在镇政府门前的台阶上。爸爸上前问了问情况，原来，老奶奶的子女闹矛盾，她的赡养问题得不到落实，经过村干部多次调解也没有结果，她是来请求法律援助的。爸爸欣然接下了老奶奶的案子，免费帮她打赢了官司。最终，老奶奶的赡养问题落实了，她可以安享晚年了。

爸爸是一个工作狂，经常半夜还在加班。爸爸的很多案例被评为省、市、县法律援助的优秀案例，他还获得了"劳动模范""感动人物""专业技术服务标兵"等诸多荣誉。我知道，在这些荣誉背后，爸爸不知付出了多少努力，我为有这样的爸爸感到自豪，我崇拜我的偶像爸爸！

那 背 影

田 林

"爸,我回来了。"我兴奋地叫着。"小芳,你爸爸出去了,先坐下吃饭!"耳畔传来妈妈的声音。唉,爸爸一向都不理我,今天好不容易回来,怎么又出去了……

冷漠的背影

成绩单下来的那一刻,我的心已经提到了嗓子眼,"三分天注定,七分靠打拼。"数学成绩112分,简直是有史以来最好的一次成绩了,我恨不得插上翅膀飞回去,一下课,我就高兴地冲出教室……"爸,我这次考得不错,老师让签字。"我得意地盯着爸爸,爸爸会奖励我什么呢?我暗自窃喜。"嗯。"爸爸拿着试卷写了几个字转身离去。"爸——我——"

话还没说完,爸爸早已不见踪影。我感觉一股涩涩的液体流入嘴角。爸爸,我好想得到你的肯定,可是,为什么,为什么你总是转身离去,留给我一个冷冷的背影?那背影冷得让我心痛。

爱 的 背 影

"小芳!"好友神秘地对我说:"今天是父亲节,你准备送父亲什么礼物,昨晚我等不及了,便送了出去,当我对爸爸说我爱你时,他居然哭了……"我一愣:送他礼物,他一定会说:"真浪费钱!"我摇了摇头,却拗不过好友的"软硬兼施"。

精品店里,我左右踌躇:爸既不抽烟,也不喝酒,我送他什么呢?终于看中了一条精致的皮带。好了!就是它!

我几乎一路小跑回家。在门口,我突然觉得浑身乏力。"爸……"我支支吾吾地说,"今天是父亲节,你的皮带破了,所以我……"爸爸一愣,脸上竟然露出了奇怪的笑容。我心中一震,咬紧牙关,准备接受"狂轰滥炸"。我的头埋得很低很低!"谢谢你,孩子!"奇怪,他居然没有责骂我,还端来了饭菜,倒上了酒,"今天你妈不在,陪我喝点儿。"我用只有自己能听到的声音轻轻地说道:"爸爸,我爱你。"声音轻风般浮起,却又很快被吹散。我清晰地看到爸爸的眼中,有一滴晶莹的泪珠滑过。他转过身去,身体在微微颤抖。那背影,好温暖!原来,爱一直都在。

星,依旧璀璨;月,依旧皎洁;夜,依旧寂静。但在这些冷漠的光影背后,有你不易发觉的背影——爱……那背影洋溢着幸福,快乐,与感动……

夺书之战

赵子恒

老妈在家开了一个"小型图书馆",我每天都泡在"图书馆"里。可是,有时新书上架,我们会上演一场——夺书之战。

今天放学回家,我发现"图书馆"里增加了好多书,还有我梦寐以求的《好兵帅克历险记》,真是太好了。我高兴地放下书包,来不及休息,就捧起这本书来看。

我正看得津津有味,老妈的一句话犹如晴天霹雳:"还不去做作业!把这本书给我看看。"没办法,我只好合上书,极不情愿地递给她,垂头丧气地去写作业。

唉!老妈总是和我抢书看。晚饭后,我又抱起书看了起来。老妈忙完后,又说:"把书给我看,你去洗澡吧。"我毫不犹豫地顶了回去:"不要,凭什么?"她看我毫不动摇,就回卧室了。

过了一会儿,我在老妈的卧室门口看到她正在认真地看《读者》,就毫无防备地把书放在茶几上去洗澡了。洗完澡出来时,我却怎么找也找不到《好兵帅克历险记》了。这时,我看到她在卧室里时不时地偷瞄我一眼,我知道肯定有问题:完了,书是不是又被老妈偷走了?可我看她看的还是《读者》啊,难道书长腿跑了?

正当这时,老爸回卧室了,老妈立马关掉灯,让我回去睡觉。由于我们家的"灯火权"在老爸手里,所以我向老爸告状:"老爸,老妈关灯了。"可老爸竟毫无反应,老妈还在一旁偷笑,我发觉形势不对,就将灯打开,去看她手上的《读者》。咦?怎么那么厚?我迅速拿开《读者》,突然,《好兵帅克历险记》出现在了我的视线中,原来老妈把它藏在了《读者》后面,我差点儿被老妈给骗了。老妈的计谋被我戳穿后,她捧腹大笑,我也乐呵呵地拿着喜爱的书回自己的卧室尽情享受。

"夺书之战"在我们家经常上演,我们争夺着,也快乐着。

暖着心窝的一件事

朱丽佳

自小时候起,我便了解到了一件事:父亲对我很严厉,甚至可以说,我对父爱的感觉是模糊不清的。

但我七岁那年发生的一件事,使我改变了对这一切的看法。

那次我发了高烧,母亲在上班之前给我量了体温,接着拍了拍我的头,让我多睡一会儿,然后便上班去了。

迷迷糊糊的我又睡了过去,不知是什么原因,总之我很快进入了睡梦之中。

不知过了多久,我的耳边出现了"滴答,滴答"的声音,我猛地睁开眼睛,映入眼帘的是几滴零零散散的雨珠打在窗户上的光景。

我低声地呼唤了几声"爸爸",可没有人回应,很明显父亲已经上班去了。

我的心中不免有些失落,在"工作"和"儿子"之间,父亲的选择是前者吗?

我抬起头望向窗外,天空是灰蒙蒙的,好像随时,豆大的雨点就会以迅雷不及掩耳之势落下。同时,这阴沉的天又宛如我失落的心情一般,混乱不堪。

我拖着沉重的身子下了床,走到了客厅里,餐桌上空荡荡的,连一丝灰尘都没有——我想找食物的愿望落空了。

我疲惫地回到房间里,正当我准备继续睡觉时,手不经意间碰到了一个暖和的东西——那是一个冒着热气、泡着药的水杯。水杯下还压着一张纸条,纸条上如此写着:

> 儿子,原本想留下照顾你的,但办公室突然有个事需要加班,我得过去处理。药泡在杯子里,厨房里还有吃的,记得吃。
>
> 爸爸

我闭上眼睛,体会着这封信。

天有些凉,但我却丝毫不感觉冷。

原来阴沉的天空中,不知何时出现了一道光,犹如破晓的第一缕晨光。

老师您好，我的好老师

魏然栋

太阳照得很高，阳光异常刺眼。中午校园静得出奇，一阵阵同学们熟睡的鼾声响起，我笑笑，快步走出教室。来到办公室，经过您的身旁，看见您戴着老式的眼镜，一板一眼地书写着教案。那在孩子们眼中的老式眼镜不但没有过时，反倒让您更有了一名教师该有的稳重。听见您那铿锵有力的写字声，笔与本子交错的声音，弹奏出的是对您一丝不苟工作的称赞。这时，我想却又不敢靠近您，我静静地望着您，轻轻地说一声"老师您好"来表达我的敬意。

下午，天阴的好黑，雨下得好大，傍晚的校园多了份嘈杂，同学们的欢声笑语不时响起。我笑笑，来到教室门口向外望：雨中是您跑来跑去忙碌的身影，手中的雨伞不知送走了多少个你最疼爱的学生，我就这样静静地看着您，只能轻轻地说一声"老师您好"来表达我的心情。

晚上，月亮辛勤地工作，星星一眨一眨的，我写完作业，坐在窗前，望着星空。"叮当"一声，爸爸的手机中又传来了您发来的叮嘱的话语。仰望星空，我想象着您戴着眼镜打字发微信的神情。其实，这样的话语每天都在我们耳边响起：上自习，您提醒我们独立自主；考试时，您提醒我们认真审题；失落时，您负责安慰。那一句句鼓励、激励以及教育我们的话语，早已深深地触动了我的心灵。

老师，我的好老师，不知用什么语言去形容您的好，但您对我们的付出，我看在眼里，记在心里。

老师，大爱无言，您却偏偏将这爱完美无缺地诠释，用最沁人心脾的方式，让我们心旷神怡。

大爱无言，小小的我只能用再朴实不过的话语——"老师您好，我的好老师"来表达我对您最崇高的钦佩。

爱要怎么说出口

张博宇

母亲节快要到了，班主任刘老师给我们布置了一个特殊的作业：回到家给妈妈一个拥抱，对妈妈说声"我爱您"。

谁不爱自己的妈妈呢？我的妈妈工作那么辛苦，常常起早贪黑，有时周末还要加班加点，但她总是把家里收拾得井井有条，把我照顾得无微不至。我早就想对妈妈说句感谢的话了。

嘿嘿，这个作业太简单了！

放学后，我回到家，妈妈还没有下班。我先写作业。刚写完作业，就听见楼道里传来一阵熟悉的脚步声，一定是妈妈回来了。我高兴地跑到门口打开门，果然是妈妈回来了。

"博宇，作业写完了吗？饿不饿？妈妈这就给你做饭啊！"妈妈一边换鞋，一边笑着问我。

"作业写完了。有点饿儿……"我忽然想起老师留的作业——对妈妈说"我爱您"。

"妈妈，我……"不知为什么，我竟然发现怎么也说不出口。明明很简单的一件事，我是怎么了？

"怎么了，孩子？"妈妈一边扎围裙，一边关切地问我，"有事吗？"

"没有没有。"我顿时涨红了脸，快步走回房间。

妈妈是我最亲密的人，在妈妈面前，我从来没有什么不好意思的，今天怎么连一句表达感情的话都说不出口呢？不行，我一定要完成任务。我鼓足勇气，跑到厨房，妈妈正在洗菜，"妈妈，我……"糟了，和上次一样，我还是说不出口。

妈妈见我呆呆地站在那里，奇怪地问我："你今天怎么了？有事就直说嘛！男子汉，怎么还吞吞吐吐的啊！"

"没事没事，"我急忙掩饰，"我就是饿了，来看看饭做好了没有。"

"快了，你先吃点儿饼干垫一垫！"妈妈继续埋头洗菜。

怎么办？只能采取方案二，说不出口就写出来吧。我找来一张漂亮的彩纸，工工整整地写上"妈妈，我爱您"几个大字，然后在旁边画上一颗大大的爱心。我蹑手蹑脚地潜入爸妈的卧室，将彩纸放到梳妆台上。

"妈，咱家有没有棉签啊，我要用一下！"我跑到厨房，大声对妈妈说。

"有，在我梳妆台的抽屉里面，自己去找吧！"

"妈妈，您帮我找吧，我找不着！"

"好吧，你这个小懒猫！"

哈哈，妈妈"中计"了！妈妈走进卧室，走向梳妆台……

"博宇，过来一下！"妈妈一定是看到了我的"小秘密"！

我跑到妈妈身边，妈妈看着我，目光里写满了浓浓的爱。

"刚才你是不是就想对妈妈说这句话？"

我重重地点点头。

"咱们中国人啊，骨子里比较含蓄，不善于表达感情。而且，越是对自己最亲密的家人，越是张不开口！你对妈妈的爱，你不说，妈妈也知道。可是你说出来，妈妈真的好开心啊！妈妈也爱你！从知道你存在的那刻起，妈妈就爱你，并且将永远爱你！"妈妈张开双臂，一把把我拥在怀里。

"妈妈，我爱您！"

爱，大声说出来吧！

徒步穿越羊草山

陈家俊

寒假时，爸爸妈妈带我去哈尔滨的雪乡玩，我印象最深刻的是徒步穿越羊草山。

当我们抵达羊草山时，只见白茫茫一片，踩上去软软的，还咯吱咯吱地响，浅的地方只有几厘米，深的地方有一米多。我们一边欣赏着雪景，一边有说有笑地往上攀登。才走了四分之一的路程，我就觉得浑身无力，两腿发软，一屁股瘫坐在雪地上，再也不想走了。在爸爸妈妈不断的鼓励下，我拖着疲惫的身躯，勉强到达了山顶。

在山顶稍作休息，我们便下山前往雪乡。下山途中，我的脚酸痛得实在走不动了,心想:"此刻要是能像雪球一样滚下去多好啊!"这时,爸爸不知从哪儿弄来一个滑雪板,让我尝试着坐在滑雪板上往下滑。我们走到一个斜坡上,爸爸拉住滑雪板的安全绳,我坐在滑雪板上控制方向往下滑,没滑几米,就侧翻在雪地里,整个身体趴在雪地上,和雪地来个亲密接触,我的胳膊、双腿因为撞击,觉得生疼生疼。这样反复尝试了几次都失败了,我沮丧极了,索性扔掉滑雪板,在一旁生闷气。爸爸见我一副垂头丧气的样子,走到我的身旁,一遍又一遍耐心地给我讲解如何控制滑雪板,还示范给我看。经过一次次的努力,我终于掌握了控制滑雪板的技巧。不一会儿,我就溜到了山下,我兴奋得手舞足蹈,一身的疲惫顿时消失得无影无踪。

通过这次经历,我深深地感受到:无论做任何事,只要坚持不懈地努力,就一定能成功。

三轮车上的奶奶

王一涵

下午放学,我背着书包刚刚走出学校大门口,就看见奶奶骑着三轮车来接我。我连忙跑到奶奶身边,跨上三轮车,坐在小车厢里。奶奶两只脚踩动脚踏板,三轮车咻咻往前跑起来。

从我上幼儿园的第一天起,每天放学、上学,奶奶都骑着这辆三轮车来接我、送我,无论骄阳似火,还是大雪纷飞,从未耽误过。

奶奶的三轮车是铅灰色的,很小,也很简易,露天小车厢装在后面两只轮子上。三轮车已经很陈旧了，下面的轮圈和钢丝已锈迹斑斑，如同奶奶脸上的累累皱纹，显示着岁月的沧桑和风雨的侵蚀。奶奶告诉我，三轮车是1998年买的，而我是2005年出生的，它比我还大七岁呢。

　　奶奶的三轮车哟，别瞧现在即将老化了，但在我上学之前，它给奶奶创造过收入，给她的人生创造出一定的意义和价值呢。在我上幼儿园前，奶奶天天骑着三轮车四处捡废品。一年下来，也能挣到好几千元呢；如果运气好的话，万把元也能挣到。县城里大街小巷，没有什么地方不留下她三轮车的印迹，不留下她捡废品的身影。家人心疼奶奶，叫她不要捡废品了，她却说，人一旦闲着就容易变懒，捡废品挣点儿钱补贴家用有什么不好呢，再说四处转转，找点儿事情做做，不仅充实了生活，还可以活动活动筋骨，有益于身体健康呢。

　　奶奶骑着三轮车做过不少好事。有个下午，奶奶骑车经过老街第三条小巷子时，看见地上有个白色的胀鼓鼓的小皮包。奶奶捡起来一看，里面有厚厚一沓钱，有卡还有身份证。奶奶第一个念头就是尽快找到失主，还给失主。于是，她按照身份证上的地址找到失主家。当失主接过分文不少的钱包时，感动得不得了，一边连连说"谢谢、谢谢"，一边拿出两张百元的票子酬谢奶奶，奶奶毫不犹豫地谢绝了。

　　还有一次，一位年逾古稀的老爷爷挑着一担萝卜，跟跟跄跄走着，哼哧哼哧，显得很吃力。奶奶看见了，问老爷爷去哪里，老爷爷说挑到菜市场去卖。奶奶爽快地说，你坐到我三轮车上吧，把菜放在上面，我送你。老爷爷有点儿犹豫，奶奶看得出对方犹豫什么，忙说我不收你路费，放心好啦！到菜市场后，看见奶奶果然没要他一分钱，老爷爷拿出两把萝卜递给奶奶，奶奶也没有接……

　　"一涵，到家了——"

　　我正回想着三轮车的故事，奶奶突然的一声叫喊，把我的思绪拉了回来。我抬头一看，已经到家门口了。我没有急于蹦下车，而是深深地凝视着三轮车。这辆三轮车就是一部书。从这部书里，我读出了奶奶的勤劳、善良、淳朴，还有奶奶对我浓浓的爱……

超载的后果

刘忻君

早上，外面寒风四起，冷得我全身发抖、手脚冰冷。我背着书包去坐车，车站人很多，可公交车一直没来。这时，一辆面包车靠了过来。"上车上车！两元一人！"为了不迟到，人们一拥而上。在我挤上车之后，还有乘客源源不断地往面包车上挤。奇怪，明明是一辆小型面包车，怎么像大巴车一样，能装这么多人呀？

因为上车的人太多，大家都贴得紧紧的，连只苍蝇也飞不进来。为了不让交警发现这是一辆"黑车"，司机把所有的车窗都关上了，车里弥漫着一股人体散发出来的热气。随着行驶时间的增加，车里的热气越来越多，温度越来越高……忽然，我感觉自己飘了起来，车辆好像离开了地面！

"喂，师傅，你开的这是面包车，还是热气球呀？"不知是谁不满地喊了一声。这下，全车的人都惊慌起来，车内一片嘈杂。大家越激动，热气越多，面包车就升得越高。渐渐地，车厢里的人都飘了起来——我们像宇航员一样，失重啦！

终于，有的乘客憋不住了，打开了车窗。冷空气一下子涌了进来，面包车顿时像气球被放了气一样，开始下坠。这怎么行？我可不想变肉饼呀!"快关窗!快关窗!"乘客们大喊起来。车窗关上了,热气重新聚集,我们又飘了起来。可不降落不行呀,于是,司机当起了领航员,他目测着面包车与地面的距离,一会儿叫乘客打开窗户"放气",一会儿叫乘客关上窗户"聚气"。就这样升升降降,我们总算平安落地了。

面包车停稳之后,我们打开车门一看,呀,我们被警察包围了!原来,警察早就注意到了我们乘坐的这个"不明飞行物",发现其实是一辆超载的面包车之后,他们把司机和乘客都狠狠地批评了一顿,还要对司机进行处罚。

同学们,千万不要坐"黑车",也不要坐超载的车辆呀!

今天我穿了长袖衫

袁子珺

秋天来了,这几天天气十分凉爽。星期日晚上,我对妈妈说:"天凉了,星期一我穿秋季校服吧。"妈妈说:"现在刚入秋,温度还不稳定,虽然早晚的温度不高,但中午还是挺热的。你还是穿夏季校服吧,早上凉的话,外面穿个外套。"但我还是坚持要穿秋季校服,把秋季校服放在了床前。

"丁零零——"早上一阵急促的电话铃声把我从美梦中惊醒。原来是妈妈打来的。妈妈语重心长、苦口婆心地说:"多多,今天天气不冷,你还是穿——"我没等妈妈说完就"啪"的一声把电话挂了。

我还是穿着秋季校服去上学了。

来到学校，放眼一看，同学们穿的都是清一色的夏季校服。下课了，黄露瑶问我："你穿这么多，不热吗？"我勉强笑了笑，说："我不热。"随着太阳升高，我越来越后悔今天的选择了。教室里连个电风扇都没有，又闷又热，我明显地感到汗在不听使唤地往下流，后背上都湿了，贴在身上，黏糊糊的，真难受。我好像被关在一个闷热又密不透风的小笼子里，头嗡嗡作响，老师讲的课我几乎一句都听不进去。盼星星，盼月亮，终于盼到了放学铃声。

我好不容易走回了家，迫不及待地换上了一件短袖衫，在电风扇前吹了十几分钟，才缓过劲儿来。

唉，真是"不听老人言，吃亏在眼前"！我以后可得虚心听取别人的合理化建议，不能盲目坚持自己的错误了。

在平淡的日子里

唐 蕾

有人说，生活就是一杯凉白开，平淡无奇，毫无精彩可言。仔细一想，他的话是正确的，确实乏味。将近十年的学习生涯中，确实是没有起什么大浪。我就像港湾里的水，波澜不惊。每天过同样的生活，学校家里两点一线地来回折返，生活规律得平淡无奇。

可是，像我这样的花样年华，怎么能甘心平凡度过呢？我决定给自己找点儿乐趣。

我喜欢看书，我喜欢书中的人物以及丰富多彩的世界。书页间散发着古老的气息，像一位渊博的老者孜孜不倦地向我们讲述美丽的故事。书本里的方块字像有魔力似的，老是能让我不知不觉就沉浸其中，不能自拔。

很好，我已经找到了一个乐趣。

我喜欢音乐，尤其是抒情音乐。在闲暇的午后，我便独自待在房间里，戴上耳塞，放着喜欢的音乐，望着窗外的景色出神。耳边动听的旋律萦绕于心，此时，四周的嘈杂声全部消失于耳际。在这音乐的世界里，就只剩下我，还有那动听的旋律。

瞧，又发现了一个乐趣。

我喜欢观察周围的一切，不管大事还是小事，花草还是人物，只要值得纪念的，我都想记下来。于是我又喜欢上了写作。用手中的笔仔细地记下生活中的点滴，再把它们的故事整理好。用笔描绘生活中的不同面，喜欢写作，不一定写得好，但要让自己满意；不一定非要很出名或者干出动魄惊心的大事，我更倾向于生活中的鸡毛蒜皮。

哦，我又找到了一个乐趣。

平淡的日子里，我也可以找到这么多的乐趣。我爱文学、爱音乐，更爱写作。生活的确是杯凉白开，没有可乐的刺激，没有果汁的色彩，没有牛奶的醇香。可是，凉白开一样平淡的日子，依然能够带给我很多惊喜。

我有一个"风"妈妈

林希妤

我的妈妈是一名军人。她个子高高的,一双大眼睛炯炯有神。也许是和她的职业有关吧,妈妈干起事来总是风风火火的。她吃饭快,没过几分钟,饭就被她一扫而光;干活快,只见她忙里忙外,像一阵风一样,不一会儿,房间就被她打扫得干干净净。

妈妈的表现,不用我多说,大家也能猜得到,她是个急脾气!

每天早上,我还在睡梦中呢,妈妈就风风火火地闯进房间,大喊一声:"林希妤,起床了!"话音刚落,又旋风一样转身离开了。我赶紧将被子往头顶上一蒙,继续睡起了回笼觉。可是没过多久,我的被子一下子被掀了起来,紧接着迎接我的就是一阵怒吼:"再不起床,就迟到了!"唉!龙卷风的威力,谁敢小视呢?

妈妈一直在部队工作。我小的时候,都是爷爷奶奶做饭,妈妈没下过厨房。我上学以后,我们搬到学校附近住。离开爷爷奶奶,如何填饱肚子却成了我们最大的难题。我心想:这回糟糕了,再也没有美味佳肴了,我以后可怎么办啊?好胜的妈妈似乎看穿了我的心思,她胸有成竹地说:"放心吧,宝贝!我一定会做好饭的!"

放学了,爸爸把我从学校接回来。到了家门口,我和爸爸一个劲儿按门铃,可妈妈就是听不见。爸爸只好用钥匙打开房门,我马上就听见了抽油烟机的声音和妈妈炒菜的声音。我打开厨房的门，那一刻，我被眼前的景象惊呆了！这哪里是平常干净的厨房啊，案板上、地面上到处都是菜叶子，锅碗瓢盆摆得到处都是，真是一片狼藉。

我问爸爸："我们家这是刮台风了吗？"爸爸张着大嘴，愣愣地说："不！台风算什么？这明明是飓风，破坏力超强！"再看妈妈，她做饭也太专注了，竟然没听到我和爸爸在说话。只见她一手拿着手机（估计是在查资料），一手拿着铲子快速地翻炒着菜。我走到妈妈跟前，拍了拍妈妈说："我回来了！"妈妈猛地转过身子，手里的铲子向着我的头扫来，幸亏我反应灵敏，退了一步，否则后果不堪设想。妈妈一脸的惊魂未定，她一边用手拍着胸脯，一边说："吓死我了，你们什么时候回来的？"

唉，依我说，我的"风"妈妈这会儿升级了，变成"疯"妈妈了！

我的"风"妈妈风格还挺多变的呢，比如她对待左邻右舍，就像夏天的风那样热情洋溢；在我遇到困难的时候，她又会像暖暖的春风，把我心里的桃花都吹开了；当然了，在我犯错的时候，妈妈也会像秋风扫落叶那样，对我毫不留情！

我想对妈妈说："不管您是哪种形式的'风'，我都永远爱您！"

从天而降的蚊子

苏海心

暑假的一个下午，我正在房间里边吹空调边看电视，电视台忽然插播了一条新闻："由于外星蚊子觉得它们星球人的血不好喝，决定集体移民到地球，请大家做好防蚊准——啊！讨厌的蚊子！快滚开！"镜头一阵摇晃之后，直播中断了。我赶紧跑到窗边一看，呀，数不清的蚊子像《独立日》里的外星战舰一样从天而降，吓得我赶紧关上了窗。

第二天，我带着黑眼圈（赶了一晚上蚊子熬的），穿上蚊帐，在腰间挂上十个蚊香、二十个灭蚊器、三十瓶"六神"花露水，双手各拿了一个电蚊拍才敢出门。我像武林高手一样，一路挥舞着电蚊拍，从"蚊子云"中"杀"出一条血路（唉，其实都是我自己的血呀……），来到超市。一进超市，我就惊呆了，因为人们买花露水已经不是一瓶一瓶地买，而是一车一车地运！几十分钟后，全世界的"六神"花露水就被洗劫一空了！大家用"六神"洗澡，用"六神"洗脸，还有人研究出了各种"六神"饮料、"六神"甜点……连酒店也推出了"六神"全席，各种类型的"六神"应有尽有，为的，就是防蚊啊！

蚊子移民后的第三天，所有人都把花露水用完了。这下只能用手拍了。"啪!""啪!"掌声此起彼伏。由于蚊子太多了,人们的手拍得又红又肿,跟哈尔滨红肠没什么两样。终于,大家忍不住了,一起到联合国游行示威,要求联合国出面,让蚊子回外星去。很快,联合国秘书长就顶着一身的蚊子包出来了,他找了五百名辩论高手和五百名动物学家(来当翻译的),和蚊子进行谈判。最终,蚊子同意集体回家,毕竟它们也伤亡惨重。这个消息一传出来,全球一片欢腾,大家一致同意,把谈判成功这一天定为"世界宁静日",因为,没有了外星蚊子的"嗡嗡"声,世界真的变得好安静呀!

观纵横交通,秀文明风采

彭子藤

交通,它是陶渊明笔下的阡陌交通吗?它独享一份宁静与安闲,在朴素的民风中辗转升华。交通,它是大都市灯光下的车流不息吗?它保守一份热闹与喧哗,在火热的生活中引吭高歌。交通,它是世间文明下的真谛吗?它勾勒一份人情与真爱,在人性的光环中闪闪发光。观纵横交通,展精神风貌,秀文明风采,听安全真谛。

让一让,让出精神

在乡村小河畔,傍着一座古桥,它没有现代化桥梁的巍峨,也没有现代化桥梁的宽阔,唯一展现的便是石桥上一幅幅感人至深的捕影。那是个烈日炎炎的中午，在窄窄的小桥两面停着两辆车，它们不是，因为争执而停，而是因为礼让而停。只见一位白发苍苍骑着破旧三轮车的老汉，蹒跚地将三轮车推向一边，朝对面喊了一声："小伙子，你的车大，你先走吧！"而桥那头传来一声："老爷子，您来得早，您先走吧！"在声声对话中，老汉先过去了，过去的是文明，随后小伙子也过去了，过去的是精神。

简短的对话沧桑而有力，似三月的风，吹暖了匆匆过往的路人的心；似六月的惊雷，震出一股股文明的暖流。因为礼让，少了交通争执，多了沉甸甸的文明。

文明交通，从让开始，让一让，很简单。

停一停，停出文明

正值放学和工人下班，宽阔的校门口人声鼎沸，车水马龙，但却少了几丝拥挤，多了几丝秩序井然。累了一天的人们，原本可以争分夺秒抢着回家休息，但是我们看到了文明。仿佛宽阔的校门口成了一座分水岭，路那头工人们停车等候学生先走，路这头学生们秩序井然地快步离去，短短几分钟，马路上空无一人，留下的不只是空寂，而是世间最美好的祝福。

寥寥几分钟，虽短暂却深远，却似四月的雨，唤醒了沉睡的大地，似七月的天，显现出给人的一种震撼。因为文明，少了一缕拥挤之声，多了数缕欢声笑语。

文明交通，从停开始，停一停，很简单。

等一等，等出安全

在庄严的红绿灯下，车来车往，一位位当代大学生，身穿义工服装，疏导着过往的行人，他们有时候扶老搀幼，有时教育违反交通规则的小朋友。他们的嘴里常说："红灯来了等一等，等出安全，做到文明出行。"一位位活力四射的大学生，在街头展现出文明的风貌，更展现出祖国文明之邦的风采。

小小的身影虽渺小却伟大，似五月的水满怀信念和力量，似八月的果，收获了一丝充实的喜悦，因为文明，少了几次违章，多了几道安全防线。

文明交通，从等开始，等一等，很简单。

纵观交通，秀文明风采，横看交通，展天下奇言，侧赏交通，做安全少年。让我们放飞文明的红旗，飘扬在朝日初升的晨曦，向世人宣告"文明交通，你我同行"。

生活因你而精彩

王馨悦

你陪伴我五年，见证我的喜怒哀乐。我的挚友——素描，见证我的成长。当我因小成功得意扬扬时，画上几笔，冲淡心中名与利；当我悲哀伤感郁结于心时，临摹佳作，笔笔勾勒舒缓怅惘无奈。我的生活因你而充满期待和活力，我的生活因你而精彩。

小时常听人说，素描是一件再枯燥不过的事，一坐几小时，只有灰与黑，单调得无聊。但"兴趣是最好的老师"。当我第一次在美术馆里见到栩栩如生的素描作品时，我就心生向往，向往那样简练的线条，我找到了我的乐趣。

其实，学素描是一件挺辛苦的事，坐在椅子上，一动不动，画到背部肌肉发僵，手出汗，肩膀酸痛，只不停地用铅笔勾勒。不过，看到自己的作品有所进步，努力是值得的。看到自己的画技一点点进步，我欣喜、期待、热爱，我的生活因你而精彩。

这个暑假的最后一个月，我开始恐惧学校，害怕、逃避甚至放弃，终日不愿动笔，想留住暑假生活，远离堆积的作业。面对如山的精神压力，我想到你——曾给我活力和期待的你。我拿起笔，摊开范书，支起画板，选择高尔基的一幅侧画像。我开始构图，框形，细描，塑五官，绘阴影。盯着范书，端坐拿笔，一笔一画地描绘，一条条清晰硬朗的线条组成了完整的图画，画歪了，擦去，重来。听着笔尖与图纸摩擦的沙沙声，仿佛组成了一首乐章，韵动着新节奏。一幅画即将完工，看着这些或深或淡、或柔或刚的线条，我突然得到了一些感悟。生活就像一幅完整图画，每件事就如每笔线条，千千万万笔构成一幅画，每一笔都是不可缺的，画作也因每一笔而精彩。现在，我的恐惧不就是想逃避那些历练吗？没有这些事，怎么能构成我多彩的生活。读书学习是每个人人生的必经轨迹，缺少他们，生活索然无味。我只能用心学好知识，培养情操，就如我画好每笔，才能构成一幅好画。我的烦恼，因你迎刃而解，不正是你对我最好的帮助吗？我的生活因你而精彩。

我的生活因你而精彩。梅花香自苦寒来，只有付出努力，才明白收获的珍贵。你就像我的挚友，为我拨开云雾，使我不骄，不恼，不躁，磨炼我的脾性，平静我的心。愿我与你未来共同走过，成为一生的挚爱与追求。

鱼忘三秒，人忘三年

周 逸

一次路过某家商店，发现在墙角的一排水族箱里，养着一群群颜色各异、五彩斑斓的观赏鱼。我不禁驻足而望，回想起一段往事。

以前，学校里有一个池塘，里面的鱼不下百条，而且都没见过世面，也不认得什么叫鱼钩。我和爸爸经常去那里钓鱼，甚至都用不上蚯蚓，只要在钩上粘一粒米粒，抛到水里，不一会儿，就会有鱼上钩。

钓来的鱼爸爸很快就分完了，但没有忘记留一条给我。

那是一条很漂亮的鱼，全身都呈现出一种淡淡的金色，点缀着一块块的红斑，尾巴又长又柔，在水里显现出一种鬼魅般的玫瑰金。长得很讨人喜欢，我刚看了一眼就爱不释手。

我每隔几天就给它换水、喂食，把这条小鱼照顾得很壮硕。

可是，意外总会有的……

一天晚上，天空下起了瓢泼大雨，我想让我的鱼感受一下来自自然的馈赠，就把鱼缸放到了屋外的阳台上。但第二天醒来，发现鱼不见了。一股彻心的悲伤涌了上来，昨天的雨势虽然大，可时间并不长，而且鱼缸里的水并没有满。难不成雨把鱼给淋死了？那总该有尸体吧！

徘徊辗转到了楼下，发现在我家阳台的垂直下方有一具尸体。它还是那样艳丽妖娆，仿佛和生前一样，只不过是在口中多了一抹殷红，尾巴残缺，鳞片在阳光下一闪一闪。它就是那条逃离的鱼。

我忽然醒悟，它是一条锦鲤，拥有强健的尾部，跃出这点儿高度的鱼缸对它来说不成问题。可能就在它要逃离的那一刻，它还满心欢喜地认为自己就要回家了，回到那个出生的地方，可是迎接它的并不是温暖的池塘和昔日的伙伴，而是硬硬的水泥地。就这样死了，难道不会……后悔吗？宁可死，也要离开这处令人伤心的鱼缸，去追寻那心中缥缈的自由？

偶然中，我发现鱼的记忆很短暂，只有几秒。也许这几秒就只够让它保持清醒，冲出这桎梏。在下落的过程中可能已经忘记了当初的想法。

久久地看着商店里的小鱼，似乎已经能猜到它们的结局。反抗吧，就算最后要付出生命的代价，也要表明自己的意愿。没想到我竟能从一条鱼身上看出无畏的精神。

从此，我再也不曾养鱼，时至今年已经三年了。

忆 小 城

解雨轩

今天，回到了久违的老家，正值对面酒店开张。锣鼓喧天，张灯结彩的，还请来艺人助阵，比过年还热闹。

不知何时起，小城开始变了。

我出生在这座小城。

小时候，这座小城，古老而陈旧，地方不大，集市却也颇为热闹。这里没有多少高楼，家家户户的平房都带着小院。

我对带树的院落情有独钟。雨下时，满地青石砖上都是斑驳的枯叶，与苔绿斑斑的青石板路相映衬，显得院落幽深而古朴；风起时，刮起搭在古树上的晾衣绳，鼓起红红绿绿的风帆，更为小院加深一分意境。占据我童年回忆最多的片段，是小院对面的早点铺。

对面街上是炸油条的早点铺，大概是为数不多的缘故吧，生意还算兴隆，每天都有热腾腾的香气溢出来，散入早晨清新的空气中。

吃油条就要配豆浆，都是从对面的早点铺买的，盛在瓷碗里，加上一勺白糖，静静地看着白糖在豆浆里慢慢消融。用双手捧起，便爱不释手。于是在我记忆深处的味蕾中，便有了那份独特的清香。静静地，静静地氤氲着。

的确，以前的小城就是这样，只是静静的，静静的。像极了一位安详的老人。

道路在慢慢拓宽，青石板也渐渐换成了沥青路面，对面卖早点的老大爷也搬到别处去了，不知道他的油条还是不是一如既往地炸着，不知道早点摊是不是依旧兴隆。

小城依然在变。一栋栋高楼拔地而起，一条条马路交错纵横。从早到晚，东来西往，川流不息。曾经的小城在童年的画册里模糊，再模糊，终伴随着童年消失不见。

但是，那些陌生又熟悉的道路，那些黑夜下温暖的灯光，总会在某个特定的时刻给你一种似曾相识的感觉，让自己切切实实地感到：小城还在——在童年记忆里，在温暖的灯光下，在泛黄的日记里，在我们的心里。

感受幸福

朱 涛

罗丹说:"生活中不是缺少美,而是缺少发现美的眼睛。"我要说,生活中不是缺少幸福。而是缺少感受幸福的心灵。

——题记

幸福是移动的车位

车库的过道里有两个公用自行车车位,每天下午放学回家,我都习惯性地把自行车停放在那儿。邻居下班比我放学晚,自行车每次都停在我的自行车的外侧。而我早上上学比他上班早,每天早晨总要先放下书包,搬开邻居的车子,推出自己的车后,再将邻居的车摆放好,然后才能骑车上路。对早晨时间十分紧张的我来说,这一环节的"折腾"既费力又费时。可最近不知怎么的。每天早晨我的车都会自己"跑"到外侧来了,我可以推车就走,心里别提有多爽。

究竟是谁在帮我呢?我一直纳闷。直到一天晚上,我下楼倒垃圾,忽然在车库门口看到一个熟悉的身影,是爸爸在挪车!两辆车都上了锁,不好推着走。他一手握着车把,一手捧着车座,把自行车倚在身上，先依次挪开两辆自行车，再将邻居的车挪到内侧，将我的车挪到外侧。看着这一幕，我的眼角湿润了。

原来，幸福就在这每天移动的车位上。

幸福是深情的守望

每天中午放学回家，迎接我的总是热腾腾的饭菜。奇怪的是，每次我刚刚踏上二楼的楼梯，门就开了，根本无须敲门，直接推门而入。询问父母后才知道，原来每到我放学的时候，收拾好饭菜的奶奶就会站在阳台上朝小区的东大门张望，期盼我早点儿回来吃饭。只要看到我的身影，就做好提前为我开门的准备。

一次，我故意从北门进入小区，蹑手蹑脚地用钥匙开了门，发现奶奶正伫立在阳台上，深情凝望着远处的东大门。她尽量挺直自己已经佝偻了的背，好看得更远。可以想象，当一辆辆自行车驶入小区，而"过尽千'车'皆不是"的时候，奶奶该是何等的焦急和不安啊！泪眼朦胧中，奶奶的背影成了一尊定格在我心灵深处的雕塑。

原来，幸福就在奶奶那深情的守望里。

幸福在不停传递的菜肴中

一家人和和美美地坐在一起吃饭的幸福感可以说是不言而喻了。每次吃饭，爸爸总是给奶奶夹菜。奶奶呢，总是不停地给我夹菜，还不停地叮嘱"慢点儿，别噎着"。我呢，总忘不了给妈妈夹菜。

这样的话，我家的餐桌上可就热闹啦！比如吃鱼吧，鱼肚上那块鱼刺少的鱼肉便会传来传去，但最终自然还是我吃得多。其实在我眼里，这传递着的已经不仅仅是菜肴了，更是我们一家人之间的那份血浓于水的亲情。

原来，幸福就在这不停传递的菜肴中。

家是幸福的港湾，只要我们学会用自己的眼睛去观察，用自己的心灵去体验，我们就会发现幸福真的无处不在、无时不在。

我的第一次骑行

彭思源

今天一大早，我就起了床。吃完饭，背上包，戴上漂亮的头盔和头巾、酷酷的墨镜和手套，推着我的小赛车，和爸妈从郫县出发了。我们的目的地是——都江堰南桥。这是我第一次真正意义上的骑行，没有紧张，但有点儿激动，我感觉自己很兴奋。妈妈说这次骑行来回有八十多公里的路程。我对距离没有概念，所以不会畏惧。再说了，有爸妈在，我不用担心。妈妈说我是初生牛犊不怕虎。

一路上，微风习习。公路两旁鲜花盛开，不时有蝴蝶在花丛中跳舞。骑行了五公里，感觉有点儿无聊，于是我高唱着歌曲《我相信》，给自己找乐子，也给自己增强信心。感觉到累时，我就跟爸爸妈妈说我要喝水，借机歇一会儿。骑到聚源镇时，太阳公公露出热情的笑脸，烤得我皮肤发烫。

突然，边骑边看美景的我一不小心摔倒在路旁的草丛里。好险，差点儿就掉到草丛后面的沟渠里了！我没向爸妈呼救，因为我觉得我能自救。我爬起来，把车推到公路上，却把爸爸妈妈吓坏了。在路上，不时会碰到骑车的大哥哥、大姐姐，他们见到我都向我竖起大拇指，还给我加油，这满足了我的虚荣心，也让我更有信心骑到目的地了。

经过三个多小时的艰难骑行，我们终于到达目的地——都江堰南桥。妈妈问我有什么感想，我只想说累，但看见大人们用赞许的眼光看着我，又不好意思说出来。

为了奖励我，爸妈请我吃大虾！午饭后，坐在河边，我拿出一本书，一边享受凉爽的河风，一边津津有味地品味书香，好不惬意。下午三点多，我们准备回家，从都江堰南桥启程。回去时是下坡路，我感觉比上午的时候轻松不少。骑到友爱镇时，我享受了一次骑马的快感。爸爸说这也是奖励我的一项内容。晚上六点多，我们终于到家了。今天骑行全程八十二公里，我挑战自己成功！

经过这次骑行，我明白了一个道理：坚持就是胜利，只要不怕吃苦，就可战胜困难！

年味十足的春节

邹雨晗

春节前，老爸说今年我们回老家过年。我听了兴奋得一蹦三尺高，因为我终于可以过一个热热闹闹的春节，一个一家十几口大团圆的春节，一个年味十足的春节。

这个春节，年味儿在圆圆的糍粑里。

二十八，舂糍粑。在老家，舂糍粑可是春节前的一出重头大戏。这不，为了让我感受一下老家舂糍粑的热闹气氛，腊月二十八早上，才六点半妈妈就喊我起床了。只见奶奶将早已蒸熟的糯米饭倒入一个石缸（老家叫"粑臼"）中，爸爸和大伯一人双手握住一根粗壮的木柱（中间细两头粗，老家叫"粑槌"）。刚开始，他们轻轻地用粑槌在糯米饭上按压，过了一会儿，糯米饭不是一粒粒的了，黏到了一块儿，爸爸和大伯开始你一下我一下猛力交替用粑槌往粑团上打。我很惊叹他们配合得那么默契，打得那么精准。十来分钟后，糯米饭魔术般地变成了又白又软的大粑团了。只见爸爸和大伯围着粑臼转了两圈，大粑团牢牢地黏在了粑槌上。他们把大粑团举起送到一个铺了细米粉的大团箕里，奶奶用一根绳子把粑团勒了下来，并分成一个个小粑团。大家全都围过来，把热乎乎的小粑团揉捏成圆饼状，放进雕了花的粑印中，均匀按压。几分钟后，把粑团从粑印中轻轻拔出来，一个个漂漂亮亮的糍粑像一个个待嫁的新媳妇，圆圆润润、娇娇羞羞地出现在我们眼前。现在咬上一口新鲜糍粑，软软的、糯糯的，那叫一个香啊！妈妈告诉我，待它们干了后便成了春节期间一样馈赠亲友的佳品，至于怎么吃，全凭主人意愿喽，可烤可煎可煮，可甜可咸可原味。

这个春节，年味儿在红红的春联里。

记忆中的春节，我都是在爸爸所在的部队过的。每年的春联总是由那些当兵的大哥哥给我们家属楼一户一户贴好。于是我觉得贴春联是一项光荣而神圣的任务。令我万万没想到的是，今年这个重任落到了我的肩上。爷爷说自己年纪大了，不能爬梯子，而我已经长高了，手又灵巧，最适合贴春联。这任务真是令我受宠若惊呢！大年三十儿吃过早饭，我一手拿着刷，一手拿着胶水，爬上梯子，仔细地往墙上刷上一层胶。说起这胶水，还是奶奶亲手用红薯淀粉调制的哩！放下刷子和胶水，我小心翼翼地准备贴上春联。我一边轻轻地挪动春联，一边问妈妈:"正了吗?正了吗?"经过十几分钟的努力,我终于把春联贴好了。红艳艳的春联给有点儿陈旧的老房子增添了满满的生机。爷爷奶奶看着对联乐呵呵地吟了起来:"金鸡唱出千家喜,春贴换来万象新。我们得孙女儿的力啦!呵呵呵……"

这个春节,年味儿还在丰盛美味的年夜饭里,在五彩斑斓的烟花里,在热闹温暖的春晚里,在充满爱意的压岁钱里……

伴着浓浓的爱出发

　　我和外婆,曾经手牵着手在田野上走过;曾经一起有说有笑地看着苦情剧;曾经一起光着脚丫在楼上晒稻谷……那一幕幕,犹如一杯杯浓浓的咖啡,缓缓地在心头上流过!

我的姥爷

刘 佳

还记得紧握着我的手的那双布满茧子的手;还记得说话时略微散发出的烟草味;还记得对我说教时那有些沙哑的声音。这就是我的姥爷。

姥爷不是很高,皮肤也有些粗糙,虽然有时候会因为年纪大而有些健忘,但是在我眼中一直是一个精神抖擞的老人。他每天早上都会出去锻炼,不高的他总是会扶着单杠踢腿,或者是绕着公园慢跑。每次他都会红光满面地回来吃早餐,所以姥爷的身体一直都很好。

除了身体好之外,姥爷的思想也很时尚。听妈妈说,她的同学和朋友都很喜欢和姥爷聊天,因为他很喜欢接受新鲜事物。每当听到很幽默的话题时,总是会笑得很开心,露出一口因吸烟而变得很黄的牙齿。姥爷从来不反对我出国,因为他认为出国不是"卖国",而是去进行东西文化交流,这是和他同龄的老人所不能认同的。

姥爷烧菜的手艺很好,每次回到家都能看见餐桌上摆满了可口的饭菜。但我知道,姥爷在背后付出的努力有多大。在我们都出门后,在准备饭菜之前姥爷都会仔细地翻阅那泛黄的菜谱——那是姥爷一笔一笔写下的,记录的全是我爱吃的菜。每次当我大快朵颐时候,总能瞥见姥爷坐在一边在手上贴创可贴。不知怎的,我心里总会莫名地抽动,是一种软软的疼。

出身于军营的姥爷几乎做饭、打扫样样行。转业后，姥爷只是一个普通小干部。但是他从军营中带回了坚韧和严谨，在生活和工作中体现得淋漓尽致。在退休前，姥爷工作认真细致，很快便得到了上级领导的赏识；在生活中，姥爷虽然像个老顽童，但对任何事都抱有一份严谨。正是这种张弛有度，才是老爷最大的人格魅力所在。

我的性格多少受到了姥爷的影响，但是我又多少有些古板和刻薄。在小的时候，姥爷总是把我叫去做"思想工作"，那时的我只把他的话当作废话。但随着年龄的增长，我越发意识到姥爷对我的说教有多么大的意义。我不再刻薄，是老爷这把锉刀打磨了我这块尖锐的沙砾。

细数这十几年，对我有影响的人也不少，但只有姥爷彻底改变了我的性格。老爷就像明月一样照耀着我这片暗夜，虽然我明白这片月色终有一日会消失，但是到那时，我已成为黎明。

伴着浓浓的爱出发

吴洪蓝

夜悄悄地走来了，窗外的星光是如此微弱。望着窗外那片昏暗的夜空，心中难免空寂。此时，时光的长河开始倒流，仿佛又回到了与外婆朝夕相处、温馨快乐的日子。

在外婆的眼中，我是个永远长不大的孩子。每到冬天的夜里，我就睡不着。每每钻进被窝里，总是浑身颤抖，牙齿不听话地交战着。

弓着身子的我轻轻地呼着热气,摩擦着那双冰冷的手,总是叹着气:"好冷啊!"

此时,外婆已洗完了衣服,坐到了床边了。我拉着外婆的手臂,撒娇地向外婆要求道:"外婆,好冷啊,陪我睡吧!"说完,便露出两排白牙,用乞求的目光望着外婆。外婆被我逗笑了,露出两排不大整齐的黄牙。"好好好,陪你睡!"说罢,外婆慈祥地捏着我的小手。啊!好冰冷啊。我轻轻抖了一下。外婆那双龟裂的老手,皮皱巴巴的,粗糙极了,老人斑已伴随着无声的岁月,爬上了手背。这就是终年操劳的外婆呀,但岁月已悄无声息地将白发镶嵌在她的头上。

看着看着,我鼻尖一阵发酸。此时,外婆瘦削的身体已钻进被窝里了。我轻轻地抱着外婆,嗅着外婆衣服上洗衣粉的芳香。外婆右手搂着我,伸出左手给我垫着头,那手,并不软,反而有点儿硬。"盖好被子,别着凉了!"外婆温和地说着,一股暖气扑在我前额上。一股暖流悄悄地涌上了心头,流遍了全身。听着外婆跳动的脉搏声,体验着暖暖的体温,我带着那份甜蜜、幸福,慢慢进入了梦乡……

外婆那份浓浓的爱,不仅在温暖的被窝里,更在充满笑声的饭桌上。

"多吃点儿,能长得高点儿!"外婆往我碗里夹了好几块鱼肉,脸上笑成了一朵菊花,眼角弯成月牙儿,一条条"鱼尾"调皮地跳上眼角。

"外婆,你的皱纹好多哦!"我夹着鱼肉边往嘴里送,边淘气地对外婆说道。

"是吗?呵呵……"外婆眉开眼笑,犹如一朵灿烂的云。

"你外婆老了,当然有皱纹啦,傻孩子……"在一旁的外公听了,也笑着插了一句。

而我,则在一旁偷着乐呢!但过后,一股莫名其妙的感觉爬上了全身。"外婆真的老了吗?"我在心里默默地想着,又偷偷地瞟了外婆一眼,脸上老人斑好多啊,脸上的皮肤已不再光滑了。

我和外婆,曾经手牵着手在田野上走过;曾经一起有说有笑地看着苦情剧;曾经一起光着脚丫在楼上晒稻谷……那一幕幕,犹如一杯杯浓浓的咖啡,缓缓地在心头上流过!

伴着外婆浓浓的爱,迎着朝阳的光辉,我将勇敢地迈着脚步走下去!

抵　达

朱　军

> 世间万物,都有盛衰兴亡,像是一种许诺,告知生命的抵达。
>
> ——题记

走下冗长的楼梯,推开大门,深吸了一口新鲜的空气,望见了远处金黄的落叶。

捡起一片落叶,上面的每一道纹路都仿佛在向我诉说着它的故事,它的一生。

它也曾有过青春,也曾有过茂盛的年华,但世间万物都有着自己的盛衰兴亡,仿佛约定好了似的,在生命的尽头,告知生命的抵达。

落叶抵达了它的生命尽头,不盛不乱,姿态如烟,从枝头飘下的是它的灵魂,也是它新的希望。第二年的春天,在它,和即将到来的更多的伙伴们的养育下，会有更多更翠的新叶出生，而后，再次告知生命的抵达，如此以往，如同轮回。

而我们，不也正如此吗？人生苦短，青春易逝。些许年后，垂垂老矣的我们，是否会像它们一样，许诺告知生命的抵达？

抵达，不仅仅是一种结束，也是一种超脱。人生路上，年少轻狂，中年敦实，老年沧桑，一路走来，身上背负着太多的责任和重担，年少时叼着草叶斜躺在洒满阳光的草地上的情景，再也没有。抵达了人生的彼岸，也是抵达了一种境界，一种新的体悟，另一种不同的人生。

抵达，或许是爱，早已皈依了安宁；或许是痛，早已回归了幸福；或许是心灵，早已无怨无悔。只有一颗纯洁的心，通透地去等待，肩负着应负的责任，披荆斩棘，走过千山万水，蹚过茫茫人生路，才能抵达忘川河的彼岸，欣赏到那如梦如幻的彼岸花。

我释然一笑。

那片落叶，还躺在那里，等着下一个发现它的人，每一条纹路，再次讲述它的故事，告知，生命的抵达。

我和爸爸"窝里斗"

朱怡阳

"别烦我！别烦我！"我双手捂住耳朵，脑袋摇得像个拨浪鼓。"好啊！你居然嫌我烦，我再也不管你了！""好啊！说话算话！"……

星期六早上，因为一点儿小事，我和爸爸吵了起来。妈妈看着吵吵嚷嚷的我们，笑着摇摇头说了一声"再见！"就去上班了。我和爸爸吵累了，谁也不理谁，我到自己的房间里做作业，爸爸在阳台上玩手机，小房间与阳台之间的过道成了"三八线"。就这样一天的冷战开始了……

我忍着怒气写完了作业，可有一道填空题不会。往常都是向爸爸请教，如今妈妈又不在家，今天……"我自己想，自己做！"说来也怪，我左算右算，算出来的答案总是不一样，我的脑子顿时乱成了一团麻！"算了，明天再说！"我把本子狠狠地往床上一扔，我才不要委曲求全，向爸爸请教呢。

到了中午，肚子不争气地"咕噜咕噜"直叫，我肚子一挺，刚想叫："爸爸，我饿了！"但想了想，又把快叫出口的话给咽了下去！哼，他是我的"敌人"，在我眼中他此时就是邪恶的"日本鬼子"，我是正义的"八路军"，要与"日军"斗争到底，怎么能问"敌人"要吃的呢？我只好去对面超市买了一包干脆面。路过客厅时，我望了一眼，爸爸正津津有味地吃着三菜一汤。饭菜的香味扑鼻而来，我仿佛感觉到粒粒米饭在我跟前跳舞。

"来来来，过来吃两口。"爸爸一边笑嘻嘻地说，一边"呼噜呼噜"地喝起汤来。人不能低下高贵的头颅，我"哼"了一声，眼睛却偷偷地瞄了一眼盘子里的红烧鱼，故作高傲地走进房间，吃起了干脆面。这次我对干脆面有了深刻的体会——干脆面可真够干啊！凉开水在爸爸的房间，我也不好意思去拿，啃了好久才把一包干脆面啃完！

最终，啃干脆面的我向爸爸屈服，结束了我们的"窝里斗"。

晒出我的思念

付 佳

最近网络流行各种"晒",有的晒生活美满,有的晒恋爱幸福,有的晒友谊情深……现在让我也来晒一晒我深切的思念。

往事像放电影般呈现在我的脑海里,一幕幕欢声笑语勾起了我不尽的思念。唉!我深切的思念之情源自她情切温和的声音;我深切的思念之情源自她依依不舍的叮嘱,她就是我已去世三年的外祖母。

三年前的一天我和妈妈一起去看望外祖母。汽车一路颠簸,我们下车时身上都罩着一层灰尘。我们艰难地走了很长的一段崎岖山路,终于到了外祖母家。身着花布衣裳的外祖母一见到我,就笑盈盈地走过来,牵着我的手便往屋里拉。我看见她握住我的那只手黄油油的,便把手抽回来。她兴许是看到了我眼中的嫌弃,对着我歉意地一笑,把手在裤子上蹭了蹭,说:"刚才做了油渣子,本来是想洗洗的,你就来了。"她嘴上虽然这么说,可是我心里清楚,她哪里舍得用水,哪怕那么一丁点儿。

进了屋,外祖母找出一张矮凳,又习惯性地用手摸了摸凳面。可想而知,她那满是油的双手上又沾了一层灰,凳子也被她摸得发亮。我嫌弃地看了一眼,自己进屋找了一把椅子来坐。回屋的时候,发现她还在用毛巾仔仔细细地擦着那把我爱坐的小矮凳。我乖乖坐上了凳子，百无聊赖地等着吃饭，终于熬到了吃晚饭的时间。晚餐很丰盛，外祖母炖了一锅黄灿灿的土鸡汤，不可否认，比我妈妈做的要好吃。

　　临走时，外祖母小心翼翼地拿出了一个用蓝花布包了好几层的包裹出来，又不厌其烦地一层一层地打开，我有点儿不耐烦，最后一层布被掀开的时候，我发现里面居然包的是一个MP3。

　　"上次听你说想要这个叫什么'门皮三'的东西，我攒钱给你买来了。"说完又摸了摸那盒子，吹了一下根本不存在的灰，接着说道，"这么小的东西还真贵！宝贝，你以后要听你妈的话，要好好学习，听到没？"接过您递过来的MP3，我的眼泪不争气地流了出来。只有最在乎你的人才会记住你说出的每一句话，可是我老是嫌弃您……

　　现在外祖母已经离开了我的世界。我才意识到，我很爱很爱我的妈妈；我却没意识到，外祖母，您是妈妈的妈妈，我应该更加地爱您。

离 别 前 奏

卢惠嘉

　　　　思念是条长线，将你我紧牵，即使不得见面，你依旧在我心间！

　　　　　　　　　　　　　　　　　　——题记

暑假又快过完了，我在上海还没玩够呢！无奈，无奈，我向爸爸提起："爸爸，还有三天我就要去学校了，我今天就回家吧！"

　　爸爸抬起头，浓厚的眉毛显得异常清晰，爸爸咧嘴一笑："早着呢！你明天再回吧！"说完，爸爸又低头继续他的工作。

　　到了第二天，我又向爸爸说起这件事，爸爸惊讶地朝我笑："我不是说明天再回家嘛，又没说是今天啊！"我抱着爸爸的胳膊甩啊甩："爸爸，你赖皮，你昨天说的'明天'就是'今天'！"爸爸呵呵地笑着说："是你理解错了！"我揽过爸爸的腰，躲在他怀里甜甜地笑……

　　不知不觉已是第三天，我今天必须回家了！爸爸早早地起了床，我也破例早起，说实话，上海夏天的早晨，风很凉……

　　我收拾好衣物，爸爸在一旁，安静地看着我忙碌，他一会儿转头看电视，一会儿盯着我。

　　等我忙完，爸爸又开始翻箱倒柜，把他这儿我喜欢的东西使劲儿往我包里塞，就差把锅碗瓢盆也塞进去了，我看着又挺又鼓的包沉默了……

　　收拾好东西就无事可做了，闲下来的时间并不好打发，我调皮地弄乱爸爸一头微卷的头发，我抱怨道："爸！你看，都怪你，你的卷发遗传给我了，害得我也一头弯曲的头发！"爸爸抚着我的头发："这才丢不掉嘛！一看就知道你是我的女儿嘛！"

　　太阳渐渐升上来，赶走凉气，携来阵阵暖风，这些许温暖让我更依恋上海的喧嚣。

　　我将大包小包堆上车，赶往车站，爸爸坐在前面，我就在他后面，一路上爸爸没有多说话，我也是安静地倚在车窗上，看路上孤单的树木急速后退，一棵，两棵，三棵……

　　爸爸偶尔回过头来，浓浓的阳光衬着他的卷发，我傻傻地咧嘴冲着爸爸笑，待爸爸回过头，我收起虚伪的快乐，仰起头，让眼泪就停在眼眶，不再相拥而出……

　　车走得很快，我看看手表，爸爸的声音打破这层薄薄的静寂："没事的，车走就走了，车走了，你就可以明天再回家啊！"我又仰起头来……

　　我到车站，那辆回家的车已经停在那片暗暗的树荫下，爸爸只说一句："车这么快就到了。"我沉默着，拎着东西准备上车，我停下转身，腾出一只手来，挥挥手跟爸爸说："再见！"是的，再见，不知我跟爸爸何时再次相见。

擦　地　板

肖　曼

　　"嘻唰唰，嘻唰唰，one two three，go……"客厅里传来一阵欢快的音乐声。和着音乐，我开心地帮妈妈做着家务，主要任务是擦地板，卧室、客厅、厨房，所有的地板我一个人全包了。擦地板，看似简单的家务活儿，实实在在做起来会是怎样的感觉呢？请跟随我一起来看看吧！

清理头发丝

　　因为我和妈妈都是长头发，所以家里好多角落都散落着缕缕发丝。清理头发可不是一件容易的事，这么多发丝可怎么办呢？最简单最实用的方法就是用胶带粘。我把宽宽的透明胶带撕下来，再剪成一块一块的，蹲在地上挨着粘过去，一丝一缕的头发都被我清理得干干净净，效果真是杠杠的！

遇到顽渍

擦完客厅，我又来到厨房。擦着、擦着，我遇到了一个"顽固分子"——橱柜底下的地面上有一块厚厚的、油腻腻的污渍，怎么擦也擦不掉，这可怎么办呢？有办法了，我拿出强力去污剂，对着污渍喷了不少，再拿出钢丝球反复地擦拭，一大块，一小块，一点点，黑乎乎的顽渍终于被我擦掉了。

踩翻水盆

看着被自己擦拭得焕然一新的厨房地面，我不禁高兴得又蹦又跳。没想到，地板是被我擦净、擦亮了，也被我擦滑了，"扑通"一声，我摔在了地上，屁股差点儿摔成三瓣。"哎哟，疼死我了！"话音未落，我的手又碰翻了身后的水盆，脏水洒了一地，也洒了我一身。我赶紧爬起来，顾不上换衣服，急忙收拾地面，擦拭地板。

经过一番辛苦的劳动，我总算把家里所有的地板都擦拭完了。望着自己擦拭的地板，干净明亮，散发出清新宜人的气息，一股成就感在我内心油然而生。

瘦的烦恼

王思远

现在的大人都忙着减肥，想变瘦，可我却不用，因为我本来就很瘦。但是，瘦不但没有让我开心，反而成了我生活中的一个烦恼。

瞧，妈妈又拿我开玩笑了："你那么瘦，像竹子似的，以后叫你'竹节虫'好啦！"除了我，全家人都笑了。"哼！有什么好笑的嘛！"我气得转身进了屋。隔着门，我还能听到他们那敲锣打鼓似的笑声。

最近，我们班掀起了一个潮流——比重，这对"轻若无物"的我来说，简直就是一个天大的灾难。每次下课，我都要被迫接受同学们的"热情"拥抱。他们一会儿把我抱过来，一会儿把我传过去，我在他们手里简直像一个玩偶。喂！喂！你们有没有想过我的感受啊？

我不是很喜欢上QQ。有一次，我正跟同学聊天，她冷不丁地说了一句："你是不是很像'1'呢？"说完，就发来了一连串的狂笑表情。我气急败坏，因为几乎每次上QQ，我都会被人笑话，真是太没面子了！我发了许多"菜刀"表情给她，她却不以为然，继续大笑。我一气之下，"滴！"关电脑，戒QQ！

你们知道吗？因为瘦，我居然真的被风吹跑了。那是国庆假期的时候，我们一家人去了涠洲岛。因为赶上了台风，我们打算吃完午饭就赶紧走。等待上菜的时候，我发现餐馆旁边有一条小巷。我准备去一探究竟，可没想到，小巷那儿的风特别大，我很难前进，那感觉，真是"飘飘欲仙"啊。我咬着牙，使劲儿往巷子里冲。一睁眼，咦？我怎么到巷子后面来了？原来，是我太轻了，一下子就被风吹跑了……

为了增加体重，在学校里吃午饭时，我总是要得很多，但我又总是吃不完。为此，老师想出了一个办法。她对我说："你每次吃完饭之后，都要让我检查一下有没有完成任务。"这……简直就是晴天霹雳啊！我只能默默地点了点头……

我觉得瘦的坏处特别多，说也说不完。我可不想再瘦下去了！

龙泉探梅

王玉橙

"闻道梅花坼晓风，雪堆遍满四山中。何方可化身千亿，一树梅花一放翁。"读着美诗，我缠着爸妈带我去黑龙潭公园赏梅。

乍暖还寒的天气，风凛凛地吹着，天空灰蒙蒙的，公园里薄雾如轻纱般缭绕。往右走几十米，便是声名远扬的黑龙潭了。黑龙潭有一大一小两池水。大些的碧波荡漾，清澈见底；小些的则浑浊一片。几株梅花静静地矗立在潭边，水面零星漂浮着梅花花瓣，鱼儿不时将花瓣吞进口中又吐出来，像是在玩游戏。一动一静，相映成趣，相得益彰，正应了那句"两树梅花一潭水，四时烟雨半山云"。

沿着公园主路向前走，充满诗情画意的美景便映入眼帘。道路两侧的山坡上处处是梅花。枝干曲折蜿蜒又遒劲有力，宛如腾龙；花朵层层叠叠，小巧玲珑，晶莹剔透，有的洁白如雪，有的艳红如火，有的粉红似霞，美不胜收。凑近花枝一闻，淡雅脱俗的清香扑鼻而来，难怪王安石写下"遥知不是雪，为有暗香来"的名句呢。

看得出神的我忽然吟出岑参"忽如一夜春风来，千树万树梨花开"的诗句，心想，若是下一场大雪就好了。山峦大地银装素裹，光秃萧索的树枝上缀满积雪，在一处幽静的墙角，或在山坡远远的尽头，一两枝梅花傲雪挺立，几朵梅花顽强地从雪团下探出脑袋，在白雪的映衬下显得格外高洁。此时再踏雪寻梅，必定别有风味。我正遗憾地幻想着，一阵风起，一旁的树木被吹弯了腰，可那一树树梅花却迎风绽放，让我不禁感叹梅花的高贵品格。

风停了，花瓣落了一地。我轻轻地拾起些花瓣。花瓣摸起来如柔软的绸缎，又仿佛婴儿娇嫩的肌肤。"零落成泥碾作尘，只有香如故"，我仔细端详手中的花瓣，敬佩之情油然而生。

龙泉探梅，我没能欣赏到风雪中傲然怒放的梅花，却也领略出几分"宝剑锋从磨砺出，梅花香自苦寒来"的韵味。

我最喜欢的季节

鲁晓兮

冬天，万物都消沉了，也许它们是为了更美好的明天，也许它们仅仅只是困了，想睡了，但我要相信，它们不会真的永远沉睡。

一片片的雪白的鹅毛从空中飘落而下，抚摸着大地万物。这时，我才醒悟过来：冬已经悄无声息地来了；很多事情已经过去了、定格了，无法悔改了。它们已经混合着白雪永远地沉入地下。冬不仅如风中残烛一般的老人，更是他们的悔恨与回忆，它们伴随着所有人，无时无刻。

也许有时会发生这样的情景：你年幼的孩子在绘声绘色地讲述着动画片的情节，那些动画片中的人物是那么熟悉，你对他们的记忆还是那么清晰，岁月没有在他们身上留下一点儿痕迹，可自己似乎离他们那么远，不是隔着电视机屏幕的那种远，而是内心的远。这才发现转眼间十几年过去了，自己已经长大，身边的许多事情也变了，如同逝去的飞雪再也不回头。冬让迷失在社会中的人醒来，让他们再次得到了清醒与爱，他们迷失太久了。

那漫天飞舞的白雪盖住这苍天之下的大地，却没盖住那么几片枯黄的烂叶，它们在保护着地下的它们，它们没有见到冬，不像那些松树、竹子一般永远葱翠，它们没有加入这冬景之中，没有风光被人赞美，可它们更了解冬，它们不惧怕一时的孤独与黑暗，只为了自己能活下去，它们选择做了自己！

时光如梭，沧海桑田之时，已经过去了无数个春夏秋冬，人生四季也不停地更迭，即使经历无数的生死，可谁又能看透生死？死不是终点，生也不仅仅是一个开始，因为生死永远都不会被看破。在历史的长河中，一个平凡人的离去，再也没有痕迹，但他不也是河中的一粒水滴吗，人间的变换我们无从得知，但冬不会变。

雪，飘落着，它不是在掩盖，而是在将过去的事情一片一片地回放，它们如同一个人，有着自己的故事，一阵大风吹来，白雪漫天狂舞，如同一个个故事，笼罩住了这片磅礴的天地，洗涤了迷茫的心灵。

我的母亲

车凌凌

我的母亲是位中学副校长，大家一定以为她是个十分严厉的人，其实，她可温柔了。

一条马尾辫柔顺地扎在脑后，淡淡的眉毛下，一双眼睛清澈得像藏了一汪水，薄薄的嘴唇笑起来，就像一弯永不沉落的新月。这就是我的母亲。

还记得一次年级期末考试时，我忘带了数学考试必备的一套三角尺。顿时，我急得直冒冷汗，不知该怎么办才好。当我绝望地在校门口来回踱步时，突然，一个熟悉的身影在校门外向我招手，那是母亲。只见她一身单衣，在寒风中微微发抖。她连忙走过来，把自己手握的三角尺放到我手上："你怎么这么粗心呢？数学考试三角尺都忘带。"母亲紧紧拉我的手，一阵冰凉传入手心："好了，赶紧去备考吧！"我正欲转身，母亲又叫住了我。此时，她的笑容像一朵在寒风中盛开的梅花，美丽得让人沉醉。正在我发愣之际，她大步走上前，大手抚上我的脸，温暖的气息萦绕在我周围。她用甜蜜柔软的口气对我说："别紧张，好好考，妈妈相信你，你永远是最棒的！"不知是不是母亲呼出的热气迷住了我的眼，我眼前竟一阵模糊。"妈妈，谢谢你！"这时的她，用母亲特有的温暖，在我心底呼唤出一股强烈的决心：我一定要好好考，不辜负母亲的一片苦心！

母亲的话给我希望，母亲的行动给我信心，母亲用最美丽的爱，为我撑出一片温暖的天地。

这就是我的母亲，一个温柔的人！

我的妈妈是辅导班老师

姜 瑞

我上了一年级之后，因为没有人接送，妈妈只好辞职在家照顾我。妈妈觉得这样的日子太过无聊，她发现学校周围有很多专门辅导小学生做作业的辅导班，就决定在家里也办个小型辅导班，因为我们家离学校挺近的。

第一个学期，妈妈只有我和另外一个女孩子两个学生，连那个女孩子也是妈妈朋友的孩子。

我上二年级的时候，妈妈已经招了十几个学生了，他们大部分都是我班里的同学。因为我的进步大家有目共睹，所以家长们纷纷把孩子放到我们这儿来。

每天放学后，妈妈就开始了繁忙的工作。当我们到家的时候，妈妈已经准备好了热腾腾的饭菜。吃好饭后，我们就开始做作业。大家的动作有快有慢，做好后都交给妈妈检查。做错了的地方妈妈就给指出来，然后一一讲解。有些同学一遍没听懂，妈妈就再讲一遍、两遍……直到他们弄懂为止。

完成老师布置的作业后，妈妈会拿出自己出的题目，让我们做上两三题。到了七点左右，大家的任务基本上完成了，妈妈就让我们看会儿书，有时也和我们聊一下学校里或各自家里的趣事。你可别以为这是瞎聊，妈妈是在帮我们找写作素材呢！像我的《难忘的事》、徐嘉婕的《扰人的牙疼》、何佳琦的《瞧我们母子俩》等二三十篇作文，都是从我们的聊天中诞生的，这些作文已经在各大报刊上发表了哟。

在几年的辅导班生涯里，妈妈练就了一双"火眼金睛"，不管作业量有多大，她立马就能找出错别字。用她自己的话来说："这错别字就像是眼睛里的沙子，我可容不下。"在她的影响下，我们对错别字也变得敏感了。

以前，我一直以为妈妈只是晚上忙一阵子，白天是很清闲的，可上次因为感冒请假在家休息，我才发现，原来妈妈白天也不得闲。早上，她要打扫卫生，因为头天晚上经过大家的"折腾"，家里一片狼藉：课桌上都是废纸、墨水渍、橡皮渣，地上还有很多铅笔灰。搞完了卫生，妈妈要在电脑上打印头天我们做错的题目，以便晚上我们再做一遍。然后，她要看书、备课。妈妈说，她不能辜负家长们对自己的信任。

妈妈的工作这么辛苦，可她从没想过放弃。因为这份工作，她可以有更多的时间陪伴我，而且，她已经从工作中品尝到了收获的快乐！

泣而哭之

廖 晶

我打小是个爱哭的孩子，悲伤时会哭，感动时也会哭。哭的时候很畅快，哭泣之后眼睛却会止不住地酸痛，活了十几年的我，终于在回头看自己的哭泣经历时发觉哭竟是如此美好的东西，我享受每一次哭泣的心情，也收获着每一次哭泣带来的惊喜与感悟。

记忆中第一次痛彻心扉的大哭是在小学三年级，放学回家后，我满怀信心地把一篇习作交到爸爸手中，让他看过之后附上评语，我嗫嚅地站在他身旁等待着赞美和表扬，可他在看时却不断叹气，看完之后合上本子严肃地告诉我写得很差劲，不知所云。眼睁睁地看着他把我的心血撕下来，让我重写，噙在眼里的泪就再也忍不住了。我开始号啕大哭，本只是让老爸回心转意的攻略。随之，他的一巴掌让我几乎没有了呼吸。他把我关在卧室里让我安静后重新构思，我没有开灯，黑暗好似要把我吞噬掉，我扯破了嗓子可依旧压不过客厅里新闻联播的声音。我俩谁也不肯妥协、一向志满得意的我也受不了爸爸的批评，就这样，声嘶力竭的我在地板上瘫坐一会之后，竟不知不觉地爬到了书桌旁边。

第二天课堂上的习作点评，老师表扬了我。当时脸上的巴掌印依稀可见，眼睛也肿得像个核桃，可心里却甜甜的，我明白了父母的建议永远都是为了我好，越早接受批评也就会越早进步。

若说童年的哭泣多半是孩子气。那么步入青春期后的哭泣便是另一种新鲜的体验，另一种心灵历程了。有次考试，在别人眼里成绩看来是不错，可我因为没有达到预定目标，很是郁闷，回到宿舍自己把头埋在被子里，无数次地埋怨自己后眼泪就顺着脸颊滑了下来，枕头被浸湿了一半，我只是忍不住地低声抽噎。可细心的舍友一个个坐在我的床边，一句句安慰着，这下我哭得更厉害了，不再为成绩，而是为身边的她们。那晚我们六个人围在一张床上，分享着欢乐喜悦，诉说着烦恼忧愁。泪眼朦胧之中，我看见一张张青涩的脸颊，原来我们在一起经历苦痛，一同体验人生，流泪过后我发觉青春路上不会有独行，携手共进收获的不仅是友谊，更是进步向前的欢喜。

读书情到深处会流泪，看电视剧激动时会流泪，耳闻中华大地又遭遇百年不遇的灾难会流泪，目睹国家领导人深入灾区慰问会流泪。心永远湿润，爱便不会干涸。每一次泪水流干之后，我体会到书中字里行间的情感，仿佛与作者在交流；我领悟到主人公身上的英雄气节，好似身临其境。我发觉到人民公仆鞠躬尽瘁并非纸上谈兵，我感受到大自然是何其渺小，保卫家园是我们义不容辞的责任。

哭泣，并非懦弱。那是至深的情感深入骨髓，渗入血液之后的品味和体会，难道不是所谓的泣而知之吗？

点滴的爱，我记得

于 佳

曾记得，你在我幼时，耐心地教给我许多感兴趣的知识；曾记得，你不辞辛劳地工作，下班后，想见我一面，但我已经睡了；曾记得，你因为我做了错事，而喋喋不休地呵斥我；曾记得，你在我生病时，忙得满头大汗。

如今的我已走过十二个春秋，即将步入中学的大门。可你仍把我当作小孩子一样教导。你还记得吗？那次，你因我捣蛋打碎花瓶而严厉训斥我，我哭了。那一瞬间，我看到了你脸上纠结的表情，带着心疼，带着严厉，带着母爱的感觉……于是这个哭，就多了几层含义：像是在发出警告，像是在示威。可我又发现你脸上的表情越发僵硬，看起来丝毫没有心软的样子，我心里一凉。果真，你匆匆甩下我，走出大门，把门反锁，将我独自扔在家中。随即，我放声大哭，这哭声，又像是不甘心，可又夹杂着一丝害怕。哭了好一会儿，就停止了。因为我懂了，哭是没用的。而此时的我恰好饿了，而屋门居然也被反锁了！我绝望地闭上了眼睛。

很长时间后，你终于回来了。我急忙拉着你的衣角，说我饿了。你就立即拿出了你买的一大包好吃的，我贪婪地吃了起来，你却只是看着我，笑而不语。

你并不是总是严厉的,你也有温柔的一面。

那年冬天,正是流感的传播季节。我因为发烧,在家里"隔离",错过了期中检测。你来接我回的家。接连几天,我总是高烧不退,你也不工作了,在家里照顾我。我生病的这段期间,你尽量满足我的一切要求。我总是体温计不离身,那晚,我情况突然严重,你连夜送我到医院去。你脸上的表情,让我一辈子铭记。当我情况好转后,你仍不放心,坚持让我吃药。说实话,我当时总是在想:生病真好!

你就是从小到大一直陪伴在我身边的妈妈。

其实,你的爱,一直在我心底,暖暖的,挥之不去。

打羽毛球

唐婉珺

我的课余生活丰富多彩,在绿茵小道上骑行,在书本的海洋里遨游,在围棋的黑白世界里比拼,都是我喜欢的。不过,我最爱的还是打羽毛球。

在一个阳光灿烂、万里无云的下午,我和妈妈去广场上打羽毛球。我一手拿着球拍,一手拿着球,在心中默念"一二三",然后用球拍猛地向球打去,球却不听话地落到了我的身后。我和妈妈不由自主地哈哈大笑起来。轮到妈妈发球了,她轻轻松松地把球拍一挥,球在空中划出一条优美的弧线,像一只自由飞翔的小鸟,朝我身体左侧飞来。我匆匆跑去接球,眼看球就要"落网"了,我却脚下一滑,一下子摔坐在地上。球则调皮地从我头顶溜走了。

又轮到我发球了,这次我格外小心谨慎。我两脚微微叉开,身体略微前倾,右手拿着球拍,左手拿着球,用球拍朝球击去,想不到,球拍没击中球,球落在了我的脚边。我不高兴地说:"我不打了。"妈妈耐心地说:"一样本领不是一天两天就能学会的,加油!"于是,我捡起球拍,拿起球,左手松开球,右手用球拍小心翼翼地朝球击去,球像一个可爱的精灵,在空中转了个圈,朝妈妈前方飞去。妈妈以迅雷不及掩耳之势把球打了回来。我眼疾手快,"嗖"地跳了起来,挥动球拍,球直勾勾地朝妈妈左侧飞去。她身体略微朝右倾,想去接球,结果却与球失之交臂。我高兴得手舞足蹈,兴奋不已。

经过锻炼,我一次比一次打得好。妈妈一次次的夸赞,让我充满自信,让我挥起球拍的手臂越来越有力。打羽毛球,让我的课余生活更充实,也让我更快乐了。

我当班长

李玉龙

我们班要竞选班长了,竞选那天,一共有六人发表了演说。大家一脸虔诚地听着,而我却在下面笑。老师批评我说:"为什么笑话人家?"我说:"他们说的都是打扫卫生、收本子的小事儿,这哪是当班长呀?"老师一冲动说:"那你能做什么大事,要不这个班长你来当?"大家哄地笑了,我便在嘲笑声中走马上任了。

我能为班级做什么大事呢?我思前想后决定努力提高班级的成绩。由于三、四年级频繁更换老师,我们班平均成绩最差。怎么办呢?一天,我背着老师在班上宣布:"根据我掌握的内部消息,这学期结束,学校打算按成绩重新分班,现在每个人都还有希望,想不想进重点班,就看你自己的啦。"讲完后,我还不忘给他们说,"不能对外说,也不能问老师,因为现在不允许办重点班,就是问,老师也不会说的。"这一招果然见效,同学们的学习热情空前高涨。

后来开家长会时,有家长问老师是不是要重新分班,还说是谁谁在班上说的。老师向家长解释说:"他胡说的,学校不会分重点班。"但是家长是宁肯信其有,让孩子加紧学习。后来老师批评了我,我心想:曹操不也骗过士兵说前面有片梅林吗?

上台三个月,我"得罪"了不少人,我感觉不少人都想让我下台。我并不在乎下台,但下也得有个下法。于是,我又一次背着老师在班上讲:"有不少人不服我。其实班长我也不想当,但……"话还没说完,马上就有人说:"不想当让贤啊!"我说:"这样吧,期末考试我们比一比,语数外三科加起来,只要有人能把我挤出前五名,这个班长我就不当了。"下面有人说:"嘿!你死定了。"我说:"一言为定。但这事儿是君子协定,不能让老师知道。"

离期末考试还剩最后一个月,大部分同学都在为没影儿的分班而努力,少部分还抱着超过我的心态在奋斗。大家都在暗自加劲儿,班上的拼搏几乎达到白热化。

紧张的期末考试到了,决定我去留的时刻也到了。公布分数那天,老师很高兴,她连声说:"很好,很好,很好!这次考试我们班总成绩名列年级第二,真是太不容易了!"这么好的成绩也使我们感到格外兴奋。最后,老师公布个人成绩,"第七名,李玉龙",老师宣布我的成绩时,班上有人鼓起了掌,老师有点儿莫名其妙。

课下，我主动向老师说明了一切。老师先是沉默，然后说："你有思想，有想法，是个好班长。可能有时候的做法不太正确，但是老师明白你都是为班级着想。你确定不再当班长了？""是的，我必须要遵守诺言。"我笑着说。

在我任职期间，班里的成绩有所提升，我非常高兴。虽然我的成绩有所下滑，但是当班长的期间让我成长了很多。现在我可以光荣卸任了。

教授老爸的烦恼

韩天悦

我的老爸是大学老师，他是一名副教授，哦不，应该是名副其实的"教瘦"——越教越瘦。在妈妈持续不断的营养大餐攻击下，我猛蹿个头，妈妈猛长体重，只有可怜的老爸，默默地瘦下去，瘦下去……这是为什么？因为老爸的烦恼特别多。

暑假第一天，老爸就愁眉苦脸地对我和妈妈说："有件事我很烦恼，你们帮我拿个主意。"我的心里"咯噔"了一下。放假前，我就和老爸说好假期一起去旅游，老爸还积极主动地上网查旅游线路、攻略，难道计划有了变动？只听老爸说："下学期要开一门新的专业课，指定由我来教。这门课涉及很多最新的科技知识，我想利用假期到图书馆查阅资料，好好备课。可我又想和你们出去旅游，你们说，我该怎么办呢？""老爸呀，您可是年年被学生们评为'心目中的好老师'，怎么能这么贪玩呢？您一定要对学生们负责任啊！"我真替老爸着急。旅游，以后有的是机会，要是耽误了备课，可就有损他在学生心目中的光辉形象啊！这么简单的道理都不懂，这不是自寻烦恼吗？于是，在我苦口婆心的劝说下，老爸终于放心地备课去了，而旅游计划也终于"泡汤"了。

批改试卷也是老爸最烦恼的事。为了不耽误成绩汇总，他经常连续几天批改试卷到深夜。批试卷不就是打几个对号和错号吗？他怎么批得那么慢呀？我跑到老爸跟前一看才发现，原来老爸不只在试卷上批对错，他还要把一道道错题分类记录到备课本上，这样下次上课的时候就能给学生们讲讲。"你来得正好，"老爸抓住我，"试卷我都批好了，快帮老爸算算分数，我最愁算这个了。"不过是一百以内的加减法，我的教授老爸竟然找我这个"口算大王"当救兵。看着他一脸烦恼的样子，我没忍心打击他，静下心来一张一张地算分数。"真是我的小棉袄呀！"老爸拧着的眉头舒展开来。真没想到，算分这种小事也能让老爸烦恼，以后，就全交给我了！

老爸的烦恼还有很多：贫困学生没钱交学费，他烦恼；学生毕业找不到工作，他烦恼；学生没考上研究生，他烦恼；就连学生因为和女朋友分手喝醉酒，老爸也半夜起来去安慰……看着老爸越来越瘦，皱纹越来越多，头发越来越少，眉间的"川"字也拧得越来越深，我只能默默地叹口气：老爸，您的烦恼啥时候才能少一点儿啊？

电动车上的唠叨

沈 昕

妈妈的唠叨无处不在，电话里、餐桌上、清晨还没有醒来的睡梦里……哦，对了，还有电动车上。

"在学校不要打闹，上课不要做小动作，不要分心，要注意听课，要听老师的话，要和同学好好相处……"千篇一律的"三要三不要"，从我坐上电动车的那一刻起，就像机关枪的子弹一样向我射来。"哎呀，知道了知道了，你还不放心我吗？"

放学后，我像脱缰的野马，飞奔到妈妈的电动车上，迫不及待地把测试取得好成绩的喜讯告诉了她，又把校园里发生的趣事绘声绘色地描述给她听。我一边讲，妈妈一边唠叨："考了满分是好事，但不要骄傲，要做到胜不骄败不馁……""课间十分钟不要在楼梯间、操场上和同学们玩闹，危险无处不在。"唉，妈妈就像个电动小马达，永远不停。

日复一日的唠叨在大多数的时间里让我厌烦，但，也有让我感动和愧疚的时候。

妈妈说，她以前很喜欢听雨，可自从我跨进幼儿园的那天起，她就害怕下雨，因为雨天接送我上学放学比较麻烦。记得一年级的时候，有一天，细雨绵绵。妈妈用雨衣把我包裹得严严实实的，她一边小心翼翼地骑车，一边不厌其烦地提醒我坐稳，脚放好，抓好后座上的扶手。半路上，雨突然下大了，瓢泼似的。妈妈被淋得全身都湿透了，但她还不忘唠叨，让我坐好。在躲避一辆大货车时，妈妈紧急刹车，一下子把我甩到了地上。见我坐在泥水里大哭，妈妈扯着嗓子吼我怎么不牢牢地抓住扶手，之后又心疼地抱起我，检查我有没有受伤。看着满脸雨水和泪水的妈妈，我觉得她既可怜又狼狈。但突然间，我好像明白了什么，心里酸酸的……

是的，妈妈是爱我的。她恨不得用生命中的每一分每一秒来呵护我，不分地点，不分场合，所以，才有了电动车上的唠叨。

电动车上的唠叨，让我厌烦，又感动着。

我的"哭货"同学

袁　睿

听过"吃货"，没听过"哭货"吧？"哭货"是我们班，乃至我们学校，对我们班一个爱哭的同学的称呼。要问她有多爱哭，你看看就知道了！

"哭货"之体重篇

前几天，"哭货"网购了一个体重秤。这天，她兴致勃勃地去称体重，一看，呀！重了一公斤！顿时，泪水从她的眼中奔流而出。

要是普通人,哭哭就算了,但"哭货"一口气就哭出了十公斤泪水。这一哭,反倒减了不少体重。不用说,她家的地板被泡得只能铺新的了。

"哭货"之分数篇

最近一次数学测试,"哭货"考了99.9分,差一点儿就满分了。"哭货"拿到卷子后,二话不说就哭了起来。在同学们、老师们、校长以及全地球的心理医生的安慰下,"哭货"终于止住了泪水。就在此时,A学霸拿着自己的满分数学试卷春风满面地走进了教室。"哭货"一见A学霸的试卷,泪水再次决堤。这一次可不得了,学校被泪水浸泡,塌了一大半。泪水顺着下水道流向全市各地,从各种出水口喷涌而出,眼看城市就要内涝了。为了全市人民的安全,市长在召开紧急会议后决定,把A学霸的100分改为99.8分。"哭货"是不哭了,可A学霸此刻的心理阴影面积……

"哭货"之"哭海"篇

这次春游,老师让我们选地点。"哭货"特别想去沙漠玩,我们都不敢反对,怕她又"发功"。沙漠就沙漠吧,沙漠风景也不错嘛。到了沙漠后,导游给我们讲解,说沙漠因为缺少水源,不管是动物还是人,生存都十分困难。"哭货"觉得生活在这里的人和动物真是太可怜了,便又哭了起来。慢慢地,她哭出了一片海。我们将这片海命名为"哭海",因为它是哭出来的嘛。我们原本是坐着汽车去的,这下可好,只能横渡海洋,游回家了。因为这件事,我们班同学的游泳技术大大提高,凡是有游泳比赛,学校都派我们班参加。只要我们班同学出马,别的选手就只能争夺二三名。说起来,这还得感谢"哭货"啊。

哎，糟糕，"哭货"又哭了！"哭货"，你别哭啊！你会把我的作文本弄湿的！大不了，这篇文章发表之后，稿费分你一半？

晒到"朋友圈"的礼物

杨宇涵

"收到了小宇涵的礼物，心里美美的！祝小宇涵学习百尺竿头更进一步！"

打开微信朋友圈，我一眼就看到了周老师发的动态，下面还附着一张我和周老师拿着花的合影。照片被加了边框，我的头上还"戴"上了金王冠。我鼻子一酸：真没想到，周老师竟然如此隆重地把我送给她的礼物晒到了"朋友圈"里。

事情得从早晨说起。

这天是3月8日妇女节，我在上学的路上买了一枝康乃馨。早读结束后，我小心翼翼地把花藏在身后，悄悄溜进了周老师的办公室。办公室里真是人满为患，三年级的六个班主任老师和几个学生挤在屋里，让本来就不大的办公室拥挤不堪。

周老师正在伏案工作，根本没有注意到我站在她的身边。我稍微定了定神，大声对周老师说："周老师，今天是妇女节，感谢您二、三、四年级时对我无微不至的关照。您开发了我的演讲潜能，还对我进行了热情的鼓励，祝您节日快乐！"说完，我把康乃馨递给了周老师。周老师站起来，一脸惊讶地望着我。随后，惊讶变成了欣慰。她说道："谢谢宇涵，你取得的成绩，主要是因为你自己的努力。"

看到这一幕，办公室里一下炸开了锅，其他的老师议论纷纷。

"是韩宇萱吗？"

"哪儿啊，这是杨宇涵！"

"这就是您教过的那个刚获得'全国科学星榜样'银奖的五年级孩子吗？"

"是的。"周老师肯定地点了点头，语气中透露着骄傲和自豪。

老师们的议论声更大了。周老师拿起手机，请另一位老师帮忙拍照，于是，这美好的瞬间就被定格了。周老师笑盈盈的，一种满足感在她脸上荡漾。她的笑容和鲜花一样灿烂，老师们都向她投来羡慕的目光。

周老师这晒到"朋友圈"里的礼物让我既惊讶又感动，感谢您，周老师！

你是我心中最美的时光

　　时光如沙漏，一点一点地流逝着；却又不似沙漏，可以从头再来。也许就是那不经意间的一瞬，我们相遇了。从此，彼此的心里便多了一个人的位置；从此，生活中便充满了欢笑。

你是我心中最美的时光

刘玲泉

> 青春,花一般的年纪,花一般的你我,谱写出了人生最美的时光。
>
> ——题记

时光如沙漏,一点一点地流逝着;却又不似沙漏,可以从头再来。也许就是那不经意间的一瞬,我们相遇了。从此,彼此的心里便多了一个人的位置;从此,生活中便充满了欢笑。

还记得小的时候,我们总会手牵着手一起回家,迎着夕阳,踏着同样的步伐。那时候,不知道什么叫作默契,心里想着,就这样做了,现在回想起来,那时的你我竟是如此契合。手拉手的我们,走在河边的小路上,衬着树叶沙沙的笑声,我们的影子依偎得更近了,一同藏进树林的深处。

还记得,小学毕业前的那个夜晚,我们坐在石榴树下,谈论着彼此的梦想,忽然,你转过头坚定地说:"我要和你上同一所中学,去一个有你的地方!"我错愕了一下,只答了一个字——"好"。那时,正是石榴花盛开的季节,月光下的花儿更显绯红,充满生机。站在我面前的你,竟是如此执着,让我移不开视线。平时,我总是小心翼翼地呵护、照顾着身体不好的你，可就在此时此刻，我却突然发现，其实自己才是被保护的那一个。往常，我总会拉着你一起玩、一起回家，还自以为是地认为在保护你。现在想想，其实是自己害怕孤单吧，或许，这就是我们之间的默契。

青春，最美的时光，我与你一起度过。与你在一起的日子快乐像星星一闪一闪，我把它装进了心底的许愿瓶，希望它能生根发芽，许你一树欢声笑语。

时光荏苒，你我已不见当年的稚气；不变的，是那珍惜彼此的心。感谢时光，让我遇见了你。

如果说人生像列车，做直线运动，那么青春就是人生的起点。你说会陪我看遍这世间的美景，但是亲爱的，我想告诉你，你才是我心中最美的时光。

极苦小镇

袁　睿

夏天，这个坐在家里都能把人热化的季节，招来的不仅是爆表的高温、成群的蚊虫，还有令人闻风丧胆的苦瓜！

为了消暑，老妈买了一大堆苦瓜。怕我不吃，老妈还特地把苦瓜榨成了汁。"我回来之前把那杯苦瓜汁喝完。"说罢，老妈又出门买苦瓜了。

望着眼前这杯墨绿色的苦瓜汁，我的内心几乎是崩溃的。但不喝交不了差呀，我只能硬着头皮喝了一小口。顿时，我的脸苦青了，五官苦得拧在了一起。我觉得脑袋晕乎乎的，沙发好像越变越小了……不对，我怎么飞起来了？难道我被苦得"升天"了？不要啊，我还没活够呢！

忽然，只听"噗"的一声，我着陆了！眼前有四个大字——极苦小镇，它们被刻在一根大苦瓜上。

走进小镇，我看到了一家甜品店，赶紧跑过去买冰激凌。这里的冰激凌都是绿色的，看来，老板是个"抹茶控"啊！我兴奋地咬了一口冰激凌，一种极苦的味道立刻在嘴里爆发了！苦得我舌头都快掉了！"苦死我了！"我在心里大声说（因为我的舌头掉啦，说不出话来）。

我赶紧跑到隔壁的小卖部，想买一瓶水。我说不出话来，只能手舞足蹈地比画。老板好像明白了什么，拿出了一瓶强力胶。我是来买水的，他给我强力胶干吗呀？老板指了指瓶身上的说明，我一看，噢，原来这种强力胶是专门给游客粘舌头的！他们知道这里的东西对游客来说太苦了，一不小心就会苦到掉舌头呀。

把舌头粘好之后，我开始闲逛。前面有苦瓜大厦，还有用黄连做的地砖，真是看看都让人头皮发麻。这里的食物是苦的，水是苦的，植物是苦的，字是苦的，餐具是苦的，就连天上的云、地上的土都是苦的。动物都长得愁眉苦脸，居民也全都姓"苦"……

既然不能吃东西，那我就去看电影吧。

走进电影院，我发现这里只放映感人的电影，一部喜剧片都没有，而且也不出售爆米花和可乐，只卖抽纸，还是一箱一箱地卖。拿着电影票进了放映厅，我看见周围的人都拿着一大堆抽纸，电影一开始，大家就止不住地哭泣。因为电影实在太感人、太苦情了，我也忍不住哭了起来。眼泪从脸颊滑下，流进嘴里……"呸呸呸！"怎么那么苦？

大家越看心里越苦，呼出的气把放映厅里的空气也变苦了，那苦味，简直令人窒息。很快，我就被呛得跑了出去。

我受够了！我一口气跑到了小镇的入口处，发现大苦瓜的背面还刻着一行小字："吃完此苦瓜即可穿越回家。"

啊！我不要吃苦瓜！

我不太怕狗了

马胤龙

我属狗。告诉你们一个小秘密：我虽然是属狗的，但从小就怕狗，只要一看到狗，无论是大是小，是多是少，我都会吓得胆战心惊，不是跑到高处躲避，就是惊慌逃窜。因为怕狗这件事，爸爸还总笑我胆子太小。我以为自己一辈子都会活在怕狗的阴影里，没想到，我去了乡下小弟家之后，一切都变了……

那次去小弟家，我看见了他家养的两只狗：一只大狗是用铁链子拴着的，一只小狗是散养的。我们还没进大门，两只狗就咆哮起来，铁链子被那只大狗挣得"哗哗"直响。我的妈呀！可吓死宝宝了！等小弟出来迎接后，我便急忙拉着他，躲着小狗，飞也似的逃进屋里。万万没想到，那只小狗也随后跟了进来，还钻到我的脚下拱来拱去，这可把我吓坏了。我一屁股坐到炕上，把两只脚抬了起来，都不敢挨地了。我慌忙催促小弟快点儿把狗赶走，小弟见我坐立不安，笑着把小狗撵了出去。

等小狗出去后，我一边透过玻璃窗户心有余悸地观察那两只狗，一边问小弟："这两只狗有名字吗？"小弟自豪地介绍："哥，那条拴着的大狗叫阿旺。""那刚才进屋的那只小狗呢？""那只小狗叫嘎黑。"我没听清楚，疑惑地问："叫什么？咖啡？"好奇怪的名字呀！小弟重复了一遍，原来是"嘎黑"啊，我还以为是咖啡，差点儿把狗"喝掉"了呢，哈哈！不过，"嘎黑"太拗口了，我还是叫它"咖啡"好了。

在屋里玩了一会儿后，小弟说："哥，咱俩上外面院子里玩儿呗。"我犹豫了半天，终于同意了。小弟从屋里拿了两颗草莓，打开门，扔给守在门口的小狗。狗吃了之后，一个劲儿地摇尾巴。见小弟和小狗相处得那么好，我也觉得这只小狗挺好玩的，但还是不敢接近它，怕它咬我。我想："小狗一定喜欢吃草莓，我要是也给它草莓吃，分散它的注意力，它就不会咬我了吧？"我转身跑进屋里，也拿出两颗草莓。小狗发现了我手中的草莓，便朝我跑了过来。我急忙把一颗草莓向远处扔去，小狗立刻扭头直奔草莓。吃完草莓后，它又摇着尾巴向我跑了过来。我赶紧把手里的草莓扔了出去，小狗照吃不误后又跑了回来。这下子我手里空空了，只能落荒而逃。跑进屋里之后，我从窗户往外看，只见小狗围着门和窗户四处乱转，一副没吃够的架势。

经过刚才短暂的接触，我似乎没有那么怕狗了。还是草莓好使呀！但哪有那么多草莓给它吃呀？我想起刚才扔草莓的情景，灵机一动，对小弟说："我们拿点儿别的，比如石头什么的，把石头当草莓训练它怎么样？"小弟欣然同意。我们捡了好多石子，开始对小狗进行训练。当小狗跑过来的时候，我便向远处扔了一块石子，嘴里喊着："咖啡，捡回来！"小狗以为又给它草莓吃了，就兴冲冲地追了过去。它用小鼻子嗅了嗅之后，发现不是草莓，又马上跑了回来。经过我俩的反复训练，小狗渐渐学会了把石头叼回来。为了奖赏它，我们拿了一颗草莓和一根大骨头扔向远处，大喊道："咖啡，这是奖励你的，去吃吧！"小狗欢快地跑过去，大吃了起来。

经过这次跟小狗的亲密接触，我对狗的惧意减轻了许多。小狗还是很可爱、很好玩的嘛，哈哈哈！

三公和黄杨木雕

金君曼

黄杨木雕是我国的非物质文化遗产，也是我们乐清的民间艺术。我的三公就是做黄杨木雕的。

第一次见到黄杨木雕是在三公的家里。他的书架上放着"群马奔腾"的木雕。见我有兴趣，他告诉我："黄杨木雕是以黄杨木为原料制作的，我主要雕动物。来，我带你去我的工作室看看吧。"说罢，三公戴上口罩，也递给我一个口罩。他把工作室的门打开，顿时，一股黄色的粉尘扑面而来。虽然我戴着口罩，还是使劲儿咳了几声。我想，即使长期用粉笔在黑板上写字的老师，也不会吸入这么浓的粉尘吧？

三公扬了扬手，我们眼前的事物逐渐清晰了起来。我看到了满架的木雕——准确地说，是满架的动物木雕：这匹马腾云驾雾，像要飞起来似的；那头牛俯首劳作，一副勤勤恳恳的样子……我好奇地伸出手，想摸一摸这些木雕，却被三公制止了。他说："这些木雕不能随便摸，如果摸坏了，谁也赔不起。"

三公走到一只木雕兔的边上，说："这件兔子木雕还是未完成品。"我仔细地看了看那个兔子木雕，看不出有什么未完成的地方。三公指了指兔子的眼睛，在上面补了几刀，原本木讷的兔子立刻变得活灵活现，双目炯炯有神。

　　三公又要开始工作了。他把我往外推，说："里面粉尘太大了，你吸进去会影响健康的。"我只好扒着门缝看三公雕刻。只见三公拿出一块黄杨木，先仔细地打量了一下它的外形，接着自言自语地说："就做一只神气的猴子吧！"他先用大刀大块大块地剔除杂质，等到猴子的雏形已经基本显现出来的时候，再改用小刀刻。三公把脸贴在黄杨木上，用小刀小心翼翼地剔除多余的部分。很快，一只猴子的外形就被精准地雕刻出来了。三公又拿出一个磨轮，准备把"猴子"的表面打磨光滑。一瞬间，工作室里又变得一片朦胧。由于粉尘的干扰，我看不清三公的动作细节，但我可以看到三公的手腕在灵活地转来转去，动作像行云流水般美妙。我心中暗暗称奇，同时也冒出一个念头：三公把我赶出他的工作室，是不是怕我偷学他的这门手艺呀？

　　后来，三公告诉我："黄杨木雕是从宋元时期开始繁荣的。乐清是黄杨木雕重要的发源地之一。以前，每到元宵，在龙灯会上就会有人卖黄杨木做的小佛像。现在，黄杨木雕成了收藏品，雕刻手艺也在慢慢流失。"

　　我真希望黄杨木雕能传承下去啊！

奶奶的第一次飞机之旅

陆 涛

我奶奶只要一见到电视上的飞机，话匣子就打开了："飞机是不是很大啊？""怎么上去呀？""飞机是不是飞得很快呀？"暑假，我们全家计划一起去桂林玩，奶奶终于可以亲自去寻找问题的答案了。

出发那天，我们早早地赶到了虹桥机场。一到机场，奶奶就感叹："机场还真够大的呀！"在安检处，工作人员让奶奶把身上带金属的东西都拿出来。奶奶有点儿不知所措，微张着嘴巴，呆呆地看着现场的每一个人，直到妈妈来告诉她应该怎么做，才帮她解了围。安检完后，奶奶还在低声嘟囔："安检怎么还要把东西都掏出来呀？"

到了候机大厅，一架架飞机隔着玻璃窗展现在奶奶眼前，奶奶这才发现，飞机比她想象的大多了。

上飞机后，亮堂堂的机舱让奶奶眼前一亮。一排排柔软的座椅摆放得整整齐齐，每个座椅上面还有阅读灯，奶奶不停地啧啧赞叹。

飞机开始滑行了。奶奶睁大了眼睛向窗外望去，贪婪地欣赏着飞快掠过的一切。突然，只听"轰"的一声，飞机起飞了，一种沉重的感觉直压心头。奶奶的双手紧紧地抓住椅子把手，眉毛拧成了一团。当飞机平稳飞行后，奶奶才松了口气。窗外的白云变幻莫测，云层上的太阳格外明亮，天也格外蓝，这一切都让奶奶感到新奇。

很快，飞机开始降落了。奶奶突然拽了我一下，说："我耳朵疼。"我叫她吞咽口水，她学着我的样子做，疼痛感才慢慢得到了缓解。

奶奶说，她永远也不会忘记这次坐飞机的经历，她还把机票留下来收藏了呢！

机器人，你不懂爱

周晓冉

公元3018年的一天，我穿上防辐射服，吃了几块微缩饼干和氧气片，乘上光速飞机回了一趟家——这天是我的生日。

几秒钟后，我就来到了家门前。我开启了眼球识别系统，门"唰"的一声消失了，我迈步走了进去。令我惊讶的是：家里有一个陌生人！

"回来啦，沙发上是给你的生日礼物！"妈妈亲切的声音从我身后传来，"还不快叫姐姐？"就听沙发上端坐着的小男孩儿僵硬地叫出了声："姐——姐——"机器人？我作为一个坚定的反机器人主义者，第一个念头就是抗拒。我回过头，质问妈妈："为什么要给我买机器人？我好不容易才从太阳黑子研究中脱了身，难道这珍贵的小长假要和机器人一起过吗？"看我的态度这么强硬，妈妈的声音有些颤抖："你，你那么忙，也没时间常回家看看，陪陪我和你爸。我就是想借你生日这个契机买个机器人，好有'人'照顾照顾我们……"说到这儿，妈妈停了一下，"万一我有个什么三长两短……""别说了！"我打断了妈妈的话，"好了好了，机器人就机器人吧。"

接下来的两三天，我真是有种想把这个伪弟弟恢复出厂设置的冲动。

第一天：我忍

早上刚起床，我就看到了这样的一幕："乖儿子，来，饿不饿？"妈妈向"弟弟"招了招手。更令我毛骨悚然的是，那机器人"弟弟"竟然撒了个娇："饿，人家饿！"简直毁三观！妈妈居然还用同样的语气回答："宝贝儿，想喝什么口味儿的汽油？""柴油！""弟弟"立刻两眼放光。我在心里冷笑：狐狸尾巴终于露出来了吧？没想到，妈妈竟然一连给了它三大壶柴油！我的天哪，那可是一个普通机器人三个星期的量！见"弟弟"有滋有味地喝着，我欲哭无泪：妈啊，有空，你也管管你亲女儿的早饭吧！

第二天：我再忍

"妈妈，人家没有新衣服穿了啦！"又是这样肉麻。"乖乖，给你买了的哦。"妈妈抱出一大摞衣服。"来来来，喜欢哪件你自个儿选。"放着短袖T恤不穿，"弟弟"拿起一件长裙："这件我喜欢。"My God，那不是我的裙子吗？是不是编程时弄错性别了啊？"虽然有点儿奇怪，不过乖乖喜欢就好！"妈妈的反应让我顿觉五雷轰顶。

第三天：忍无可忍，无须再忍

在妈妈同意"弟弟"占用我的房间时，我再也忍不了了。我一个箭步冲上去，揪住"弟弟"的衣领，正准备破口大骂，突然，地面剧烈地震动起来——是地震！"弟弟"一下子扑在了我的身上……

第四天：等待救援

"弟弟"压在我身上，三个小时过去了，我俩一句话都没说。终于，我打破了这种尴尬的宁静，问了一个有些深奥的问题："你懂不懂什么叫爱？不是喜欢，也不是好感，是一种伟大的情感。""弟弟"思索了许久，说："不知道。"

"你爱妈妈吗？"

"不知道。"

第五天：获救

我喝着仅剩的一点儿水维持着生命，而"弟弟"似乎已经奄奄一息。终于，就在我觉得希望几近破灭时，上方传来了搬动石块的声音。"有人吗？""有！有！"我兴奋极了，在重见光明时，我热泪盈眶。

第六天：来生我会让你懂得什么是爱

"真的救不回来了？""是的，机器人脑子里的电路已经严重损坏了。您说在瓦砾下它回答了您的问题？那简直是个奇迹，它竟然冒着短路的风险与您交谈……""那好吧，把它的记忆芯片给我。""呃……记忆芯片损坏了大半，也就是说，它只记得出厂后的一些事……""没关系。"

来生，我要让这个小机器人重新懂得，什么是爱。当它再次坐在我家的沙发上时，我会微笑着和他打招呼——

"你好，弟弟。"

妈妈变了

高鸿芯

手机改变了人们的生活，新闻上曾说手机让人际交往变成了人机交往，我家也有这么一位热衷和手机交往的人——妈妈。

我妈妈长得漂亮，人也很贤惠。她还是一位运动爱好者，每天都要到操场跑步、打球。可是，自从接触了微商以后，她就变了。

"嘀……"手机进来一条微信。妈妈像触电一样，拿出手机，划开屏幕上的锁。只见她的纤纤玉手一点微信，微信界面就打开了。妈妈快速看着信息，眼睛一眨不眨，"太好了，又有人要买洁面粉了。"妈妈的眼睛眯成线，眉毛弯曲，嘴角往上扬，哈哈大笑。

妈妈懒得打字，她选择了语音回复。"亲，您的地址我已经记下了，马上就给您发货，质量包您满意。"她迅速取来快递单，填上客户的地址和电话，接着，她又给快递打了个电话，这才心满意足地继续看电视。

以前，妈妈不怎么打电话，有电话也是长话短说。自从做了微商后，朋友多了，她的电话也多了起来。只要有人打电话来，她总能说上一通，在电话里聊得开心时就哈哈大笑起来。有时朋友讲到伤心事，妈妈就想办法安慰她们，她的时间就这样被手机给消耗掉了。

有一天晚上十点多了，妈妈还在煲电话粥，我叫她睡觉，她一边打着电话一边朝我使了个眼色，意思是叫我不要打扰她。过了一会儿，我终于忍不住，拉着她的手，让她挂电话。她匆匆忙忙挂了电话，心里是一百个不乐意。"妈妈这叫培养客户，你知不知道，妈妈是想让她来买洁面粉呢。"我摇了摇头，彻底无语。

妈妈，您什么时候才能变回原来的体育爱好者啊！

书包里的流年

杨童舒

无意间，眼角瞥见小时候背着旧书包的照片，万千心绪涌上我心头——

还记得，那时候的我年少无知，总是羡慕堂哥背上书包后的成熟与帅气，跃跃欲试着，想要将那大书包挂在身上。怎奈瘦小的肩膀承担不起如此重负，没等走上三四步，巨大的力量就会在身后把我拖个人仰马翻。大人们都笑我不自量力，但我仍然执着，一次又一次徒劳地尝试着、失败着……

岁月一天天流逝，转眼，我上幼儿园了。我拥有了自己的书包。因为拥有那个印着"美羊羊"和"小灰灰"的书包，我自豪了很久，逢人便说。弄得那段时间堂哥都不敢来我家了，不然，我一定会跟他炫耀上半天。

那个小小的书包成了我的宝贝，一秒看不见，我便会用无声的哭泣默默抗议，直到它出现。我连吃饭、睡觉也要抱着书包。那时候，小小的书包装的全是一篇篇烂漫的童话，倾诉着时光的曼妙。

上小学了，当成堆的书被装入书包时，我第一次感觉到了书包的神圣。对我来说，学校生活还是未知数，但一想到就要和昔日的玩伴分别，我懵懂的心就蒙上了一层淡淡的忧伤。曾经给我带来满足的宝贝，此时如同我的心情一般，沉甸甸的，像装了大石头似的。

上学后，书包已不再是玩物，背在身上，成了一种责任。学习任务越来越重，女孩儿之间的攀比也越来越多，卡通与可爱也不再是时尚。同学们的书包纷纷成了"酷哥"，我的"小萌妹"自然跟不上潮流，备受讥讽。虚荣心让我自寻烦恼。

终于，我如愿了，新书包到家！我眼前一亮，十足地酷！真的到了与"小萌妹"分别的那一天，我心中又生出绵绵的不舍之情。我抱着旧书包大哭了一场，才肯让妈妈将它扔掉。第二天，我背着新书包去上学，刚进教室就引来了不少惊讶的目光。那目光里，还包含着许多的羡慕。我的书包算得上是与众不同。上学的路上，也总有人说我的书包漂亮。我总喜欢在书包中偷偷藏一本漫画书，上课时小心翼翼地夹在课本后，然后忍着不笑出声；我还喜欢在书包中装几袋辣条，和小伙伴们一起分享，最后被辣得直吐舌头。

如今，新书包比原来的那个重了许多，我也长大了，不再提及旧书包，也渐渐淡忘了过去和书包之间发生的那些故事。

书包里的流年，如小溪一般潺潺流过。书包里的流年，留下太多美好的回忆……

将来，我还会有新的书包，书包的负担会越来越重，我也会越来越懂事，承担好属于自己的责任。小书包中温情的记忆将被一筐一筐卸下，种在我的梦里，浇灌着我简单的幸福。

坚持就是胜利

武永学

热闹欢腾运动会，太平学子显雄威。在这秋高气爽的十一月里，我们迎着秋日的阳光，伴随着收获的季节，迎来了欢快精彩的校运会。

今天是我参加一千五百米比赛的日子。坐在营地上，我拿着棉花用力搓着脚踝，可能是太紧张的缘故，我连续上了三次厕所。和我一起参加比赛的振宁拍了拍我的肩膀，说："不用紧张，像平时一样跑就行了。"我听了，笑了笑，深深地吸了一口气，尝试着冷静下来。这时广播播出男子一千五百米的运动员去起跑点集合。于是，我打开葡萄糖喝了下去，向起跑点跑去。

当我真正站在起跑线上时，反而镇定了很多。"各就各位，预备——砰！"枪声一响，我慢慢靠里边的跑道跑，刚开始处于第五名，我稍微用了一点儿力就跻身前二名，我追赶的目标是第一名。我紧跟着第一名，第一名同学见我追上来了马上加快了速度。我本想冲上去超越他，但班长在跑道外说："这是第一圈。"我一听，心想：第一圈就浪费了这么多体力，不值。我选择了保持速度，让第三名追不上，同时又紧紧地跟着第一名，保持一定的体力。到了第四圈的时候，我觉得时机成熟了，可以超越第一名了。刚想超越就被后面的同学踩到了后跟，"该死。"我心里暗暗咒骂。我再次跑到起跑点时，班长提醒我："这是第五圈了。"听了之后，我稍微加快了速度超过了第一名。就在这个时候，我觉得胸闷，上气不接下气，脚有一些隐隐作痛，心脏"怦怦"不停地跳，感觉有点儿支持不住了。我想起了平时练习的技巧，每三步一呼一吸，我知道，我现在到了"极点"，只要能坚持，就不会这么辛苦了。我一定要坚持下去，不能半途而废。

"砰——"枪声再次冲击着我的双耳，我知道，这是最后一圈了。我竭尽全力冲啊，我心里暗暗给自己打气：一定能行的。还剩下五十米，我的脚突发软了，差点倒在跑道上，坚持！坚持就是胜利！我不能在最后一刻倒下。五十，四十，三十，二十，十米，到了。我顿时四肢无力，倒在了同学们的怀抱里。

我赢了。这次一千五百米长跑，让我感触颇深。让我深深地体会到坚持就是胜利的深刻内涵。我想：任何事情，只要掌握要领，做到持之以恒，就没有不成功的道理。

我最崇拜的人

李丹丹

是的，每个人都有自己的一片天地，而闪耀在这片土地上的太阳，便是我心中最崇拜的人。

——题记

　　细碎的阳光透过枝丫掉落在地面上，他们无师自通，互相玩着踩影子的游戏。而我，似一位王者，看着这一切；仰望头顶，无数道金光，汇成最耀眼的那一片光芒——太阳，它，就是我心中的王者。

　　"一个球"——似盘古开天一般，我便是我思想天地的盘古，落地，挥手劈开一片天地，不一样的是，我可不用自己的身体支撑它。但相同的却是无边的黑暗，是冷的，冷得彻骨的，没有一丝温度，也没有一点儿记忆。无喜无悲。

　　"一面镜"——似精卫填海一般，我收集光斑输送入那个自己的黑暗世界。我的世界变得不一样了，它开始有黑有白，却又是一半黑一半白，相互持平着，似两个我在争斗，而我则局外人一般。不言不语。

　　"一颗心"——似夸父逐日一般，光明变得愈发强势，而黑暗便如水蒸气一般慢慢蒸发。但似乎他俩达成了协议一般，各据一时，我的世界有昼夜了，但却依旧是冷的，依旧没有温度，我也知道，我缺少一颗太阳，温暖的太阳。

　　我踏上了寻觅的路程，到处翻找着，希望能够找到，可是，却失望了。没有！哪里都没有！懊恼地挠着头，沉默地蹲在一角，来往的人儿匆忙走过，不曾理会我。蓦地，一个满脸是笑的人儿走近了，我试着去看清她，却愈发模糊了，但是却感到了一阵温暖，好舒服，心霍地便暖了。眨眼间，人儿不见了。但我并不急着找了。呵！在那高高的头顶，一颗金色的心，欸？心？太阳？

　　我乐不可支地拍着手，跃着身子便飘了起来，伸手去触摸，入手后是暖的，不烫手，再细细一看，呀！这不是我吗？

　　终于，我懂了。一直以来，我要找的那颗太阳便是自己，一个自身缺少情感的自己。那个自己有血有肉，而不是一个漫无目的、放纵自身的自己。

在一次次的成长历程中，从我幼时的无知，渐渐走向成熟。其实有时我在想，是不是因为总是向往别人而忽略了自己，才致使自己始终不能满意自己呢？又或者，其实自己最崇拜的人应该是——自己呢？

是了！闪耀在我那片土地上空的太阳，我所始终仰望的，一直都是自己！一个自己希望的自己！

下次我再来看你们

史均成

当一缕橘红的阳光透过图书馆的窗户，照到我的脸上时，我打了个呵欠，又伸了个懒腰。

"一天又要过完了，我做了些什么呢？"我自言自语道。"感叹呢？大诗人！今天咱们不是在图书馆里泡了一天嘛。"坐在旁边的妈妈看着我，微笑着说。

我确实有点儿感慨。今天一大早，我和妈妈坐了一个多小时的公交、地铁，为的就是能在图书馆里多看一会儿书。可是时间走得太快了，无奈呀。这不，妈妈已经开口了："咱快走吧，我的肚子早就咕咕叫了。"

我低下头，望着桌面上那些我精挑细选的书，好像想起了什么。我赶紧对妈妈说："妈妈，等等，快给我纸和笔用用。"妈妈从包里拿出纸和笔，问："你想干啥？""呵呵，一会儿你就知道了。"我露出了神秘的笑容。

我在纸上快速地记下了工具书在书架的第几排、第几行，然后，我把那些还没来得及看的书全部抱向很少有读者踏足的地方——工具书书架。我把一本《狼王梦》放在了一本厚厚的工具书后面，又把《手斧男孩儿》《作文里的秘密》《彩虹鸽》放在了各种工具书的后面。我美美地想：下次到图书馆的时候，我就不用担心借不到这些书了。我就像松鼠为过冬储存粮食一样，为下次能看到好书做好了准备。我可真聪明！

啊！有人来了！我本能的反应是被图书管理员发现了，结果我一转头，看见了妈妈，她正在把我辛辛苦苦藏好的书拿出来。"妈妈，你在干什么？"我喊道。妈妈反问我："你刚才做了什么？你知道你这种藏书的行为会给图书管理员整理图书带来多大的麻烦吗？愣着干吗？还不快和我一起把书放回原来的地方！"

回家的路上，我一言不发，妈妈也没说什么。到家后，我终于开了口，向妈妈承认了下午犯的错误。

心爱的书呀，下次，我再来看你们，你们可要等着我哟！

车站的报刊亭

杨蕊昕

学校的车站旁有一个"爱心亭"，也就是报刊亭。报刊亭的主人是一个阿姨。报刊亭里出售各种各样的东西，有零食，有报纸，有时装杂志，还有饮料，等等。我觉得它根本不像报刊亭，而像个"零食加油站"。有时候，我没吃早餐，或是放学饿了，在报刊亭买吃的最方便——你放心，报刊亭从不卖三无食品。我时常买一本杂志，再买一瓶矿泉水，吃的呢？就买两包小鱼干。报刊亭的杂志很多，我买的无非就是《读者·校园版》《意林·少年版》《漫画派对》等。我很爱看的《课堂内外·创新作文》（小学版），这里居然没有卖！所以，我想看"小创"时，要绕好长一段路到广场去买，很麻烦。

其实，报刊亭也卖许多报纸，比如《荣昌报》，还有《重庆晚报》《晚间报》《财经报》等。对了！报刊亭还卖游戏充值卡、QQ卡，还能代理充值。店主说，每次充值卡一进货，就有小孩子来买了。男孩子给魔兽啊、枪战啊充值，小女生给小花仙啊、奥比岛啊充值。大一点儿的孩子就充QQ会员啊、黄钻啊什么的。

我不喜欢充值。我到报刊亭时，阿姨会告诉我："小姑娘啊，今天那个《读者》卖完了，要等下个星期才进货。要不你看看《意林》？""对不起阿姨，既然没有了，那我就下个星期来买。对了，火腿面包卖完没？没卖完我要一个，再来一瓶酸奶！"瞧，我可是阿姨的"小熟人"哟！

报刊亭还有车次表。每天放学后，我都要到报刊亭去看看车次表，看看自己错过车了没有。报刊亭还有一把大大的伞，撑在旁边那棵榕树下，榕树下就是车牌。下雨天，我就站在伞下等车；大晴天，我也站在伞下等车，顺便乘凉。

这么多年过去了，车站的报刊亭还像我第一次进学校时那样，真好。

包 饺 子

欧阳文韬

"嗨，新年要吃什么？""嗯……让我想想。哦，要吃年糕、年夜饭，还有饺子！""对了，吃年夜饭必不可少的就是饺子。可这饺子说起来容易，可做起来却难啊！不信？你瞧！"

奶奶拿着一沓饺子皮走到餐厅。"包饺子？"这一下子就激起了我的兴趣，我三步并作两步走，兴高采烈地说："奶奶，我来，我来！"说完，我就拿走了一沓饺子皮，坐在凳子上。这时，奶奶慈祥地说："莫急，莫急，先去洗洗手。"

洗完手后，我拿起一张饺子皮，像一位大厨似的，挺直了腰板，把那饺子皮用手高抬起来，小心翼翼地加了一点儿肉馅儿，然后像毛毛虫爬行似的，一拱一拱地把它封闭起来，心想：多漂亮呀！我高兴地自言自语："这还不容易？"奶奶听了，把视线移到了我的饺子上，只见我包的饺子没有饱满的感觉，仿佛两块饺子皮粘在一起，干瘪得很。奶奶看完后，哭笑不得，笑眯眯地说："孙子，肉馅儿要放多点儿，你包的这个吃下去，没有一点儿味儿。"我听了，似懂非懂地点点头，心想：这包饺子还这么"博大精深"？

我又拿起一张饺子皮，然后从肉馅儿碗里狠狠地夹了一把出来，放到饺子皮里。心想：这次应该够多的了吧？我目不转睛地盯着饺子皮，小心谨慎地把饺子皮包在了一起。嗨，成功了！我顿时心花怒放，又蹦又跳地走到奶奶身边，笑嘻嘻地说："奶奶，这次我是不是包得很好了呢？"正当我嘟起嘴巴，准备接受奶奶表扬的时候，奶奶又笑着说："你这个饺子的馅儿又放多了，放到水里煮会煮烂的！"我听了，拿着那个饺子，垂头丧气地走到座位上。心想：我还偏偏不信这个邪，到时候让奶奶大跌眼镜！我又拿起一块饺子皮，把这个饺子包了一层。"当当当！完工了！"我得意洋洋地走到奶奶身边，高举着饺子，说："奶奶，这个总不错了吧？""孙啊，那个皮破了。"我听了，大吃一惊，赶忙一看，果不其然，还真破了！我立刻又拿出一张饺子皮出来，把破的地方包了上去。这时，那个饺子好像是一个大肚将军，奶奶见了，笑呵呵地说："孙啊，你这是要吃饺子皮，还是要吃馅儿啊？"我听了，不好意思地低下了头，脸红得像熟透的苹果。

奶奶拿出一张饺子皮，在里面加了不多不少的肉馅儿，然后说："加这么多才可以，不然少了就不好吃，多了就煮烂了。"我聚精会神地听着，认认真真地观察着奶奶的每一个动作。哦！原来是这样的，难怪我包不好。

听完奶奶的谆谆教诲，我立刻又包了起来，果然，我包的好多了，除了外形还不完美，其他的地方就天衣无缝了。我继续包了几个，一个比一个好看，这时，我的心里美滋滋的。原来，包饺子也是一门技术活啊！

从包饺子这件事我领悟到：处处留心皆学问，三人同行必有我师，世上无难事，只怕有心人。

分享小秘密

林子恒

漫步在校园里，我总有许多美丽的发现。这一次，我在教学楼的后沟发现了一群可爱的小生灵——在后沟的一个小水坑里，我发现了一群通体透明的小虾。

我拿着一根细竹枝去逗小虾，它们一下子就生气了。瞧，它们舞动着细长的脚，在水里快速划动，钳子一动一动的，胡须也一翘一翘的，有趣极了。我想让这群小虾成为我的小秘密、小宠物，就谁也没告诉，只是在下课后常常去看它们。

可是，好景不长。最近我去看小虾时，总发现有一些废纸屑漂浮在水面上，有的还沉到了水底。水变混浊了，小虾的活动空间也变小了。这可不行，我得让同学们注意，不要把纸屑随意往窗外丢。于是，我把这个小秘密告诉了我们班的同学。同学们听了，先是瞪圆了眼睛，紧接着便跟着我直奔后沟。"你们小心点儿！别踩进了坑里！"我着急地大喊。同学们这才放慢了脚步，小心翼翼地走过去，围在小水坑旁边，蹲下来仔细地观察小虾。

"真的是小虾呀！""它们好小，还是透明的。""不注意还真看不出来……"同学们叽叽喳喳议论着。"那我们以后要注意了，"我赶紧大声说出了自己的想法，"我们不能把没用的纸和垃圾往窗外丢，要不然，小虾就活不成了。"同学们纷纷点头。后来，其他班级的同学也知道了这群小虾的存在，他们也会在下课后去看小虾。为了后沟这群可爱的小生灵，大家再也不随意往窗外丢东西了。小水坑恢复了往日的宁静，坑里的水变清了，小虾划动着长长的细脚，在水中自由自在地嬉戏着……

原来，有的时候，把秘密和大家分享，可以让事情变得更美好呀！

在一百年后的日子里

杨东梅

"嘀嗒，嘀嗒，时光在转动……"时间总是一去不复返，也不可能倒流，在时光的流逝中形成了很多使人流连忘返、萦绕人心的精彩画面。与其怀念过去，我们不如去试着幻想在未来一百年的日子里，我们的生活会是什么样的呢？你有想过吗？下面让我们来看看在一百年后的日子里会发生什么？

时光穿梭到一百年后……

"主人，起床吃早餐了！"听，机器人在叫我起床，我一起身，机器人就已经用它的手把衣服给我穿好，被子叠好，早餐也准备好了。在享受完丰盛的早餐后。我一声号令："今天我要去月球旅行。"只见机器人"嗖"的一声就变成了火箭，几秒的时间，我就到达了月球。月球上的各种各样的事物吸引了我的目光。在月球上，有孩子们的游乐园，宜人的风景，美味的食物，还有很多我们在地球上从未见过的东西……

玩了一天，累了。"我要回家！"转眼间，我回到了温馨而熟悉的地球。机器人在我的指挥下为我服务得甚是周到。我也在尽情地享受着，享受着……渐渐地消除了一天的疲劳，进入了甜美的梦乡……我继续期待着明天的到来。

瞧，这就是一百年后的生活。我相信随着中国科技的日益提高，一百年后的日子让我们充满期待和幻想。科技创新能力的提高也离不开教育水平的提高。所以，今天我们应该努力地为国家奉献自己的才智，为一百年后辉煌闪耀的日子而奋斗！未来，让中国在世界的舞台上非同寻常，超越现实！

在一百年后的日子里，你会过得与众不同吗？让我们在未来验证吧！期待着……

捏紫砂壶行动

魏俊杰

今天，我们迎来了自己最喜爱的节日——六一儿童节。

这次儿童节的活动安排很别致——捏紫砂壶。紫砂壶可是我们无锡本土的"非物质文化遗产"哦，我们的劲头可足啦！

老师把每五人分成一个小组。我翘首以待，终于拿到了老师发放的紫砂泥。我手捧泥土，听着老师的讲解，一股自豪之情油然而生。

望着老师桌上摆放着的色泽淳美、造型古雅的紫砂壶样品，我暗下决心，一定要完成一个"完美之作"！

开工啦！老师一声令下，我们组的同学便各司其职地忙碌起来：小杨专门负责软化紫砂泥，小丁捏壶身，小张捏壶嘴和壶把手，而一向以心灵手巧著称的我当然是负责紫砂壶的装饰和美化啦！

一切都在有条不紊地进行着。小杨一边给紫砂泥淋水，一边用力搓揉着泥块，不一会儿便大功告成。紫砂泥乖巧地躺在我们手中，仿佛在说："小艺术家们，悉听尊便！"小丁立即马不停蹄地制作起了壶身。只见他双手合十，用力搓揉出了一个大圆泥团。随着他的大拇指在泥团正中用力抠入，壶的肚子越来越大。他眉头紧皱，用双手小心翼翼地轻抚壶身表面，仿佛在抚摸一个刚出生的婴儿。壶身越来越光滑圆润，壶的肚子也越来越饱满，就像一个削掉蒂盖的南瓜，又宛若一只深褐色的广口碗，小丁终于满意地笑了。

小张制作的壶嘴和壶把手也完工了。他郑重地接过小丁递过来的壶身，谨慎地将壶嘴和壶把手完美地安装在了属于它们的位置。这时，大家的目光全都投向了我。我觉得责任重大，一时间竟不知该如何下手。

这时，老师走了过来。他对我们组的半成品赞不绝口，说："你们组的作品真不错，老师看好你们哦！"在赞美声中，我灵机一动，说："做个'牛'壶吧，牛气冲天！"听我这么一说，组里的成员七嘴八舌地议论开了，他们大多觉得装饰成"牛壶"不太现实。在他们的反驳声中，我急得面红耳赤。小丁好像来了灵感，提议说："今年是猴年，要不，咱们组做个'猴赛雷'吧！"说着，他还挤眉弄眼地做了个猴脸。在一片欢声笑语中，大家手忙脚乱，一起上阵，不一会儿，一只活灵活现的"猴壶"展现在了我们眼前。我还特地做了个桃子壶盖。嘿嘿，我们组做的壶真是顶呱呱，我们高兴得抱在了一起！

这次制壶行动真有趣！

那一刻，幸福把我紧紧拥抱

袁继明

深秋的夜晚，清冷的月光洒满大地。露水在树叶上越聚越多，最后汇成一滴水珠丛叶尖滑落，落到一只迷途的蚂蚁身上，使它看起来好像一枚琥珀。挣扎了一会儿，蚂蚁拖着冰凉的身体爬开了。我完全能体会到它这时的感受，因为我和它一样讨厌这冰凉的水，冰凉的空气。我还讨厌冰凉的话语以及说出冰凉话语的父亲，至少现在是这样。

"都多大了，一点儿不知道干活，就知道玩儿！"父亲一边忙着手中的活计一边把笼着霜的话抛给我。在父亲的眼中总有干不完的活，就像他头上那数不完的白发，刚拔去一根，又长出两根。而我呢，依然像他手中的活计，就算什么都忙完了，依然觉得比别人少干了许多，永远比不上别人。

"快去果园看看，过几天苹果就要摘了，别让人家偷走了！"我看着母亲点点头。"你爹吃完饭就去换你，你爹没去，你就先别回来，要不又会丢果子的。别着急，知道了？路上小心！"母亲叮咛着。我没有回答，就向西山果园走去。这时，一种莫名的感觉袭上心头，就像西山残留的晚霞一样悲壮。

果园静极了。"从小到大，我哪有幸福快乐的时候？都说父爱如山，我哪里有什么爱？只有干不完的活，受不完的气！"凉风吹落了几片泛黄的叶子,夜又深了几分。忽然听到一阵脚步声,我心头一阵喜悦,父亲来了,我可以回家了。可那声音却是二叔和二婶的。"人家小明可真有福,这不,爹妈又在家吃大楂粥,却给孩子烙饼呢!"我脑子霎时一片空白。"说的是我吗?这是真的?父亲总是对我没好气,不可能!""难道真的是当局者迷,旁观者清?"我迷茫了。又有一丝喜悦。

一阵急促的脚步声打断了我的思绪,这脚步声竟然如此熟悉,如此亲切。"你回去吧,看着点儿路!"借着手点筒的光,我发现父亲的嘴角还挂着一颗米粒——大楂粥的米粒!是什么让他这样着急?我的心绪再次起了波澜。我想出无数的理由,却难以平静我激动的内心。

从果园到大路要经过一段小路,小路很窄且不平,我向前走着,前面的路突然明亮起来,原来是父亲用手电筒照亮了小路!

露水很重了,一切都是湿漉漉的,包括我的眼睛,我的心。因为,那一刻,我已被幸福,被爱紧紧拥抱!

父亲的爱就像这手电筒的光,在白天,我们浑然不觉,可在夜晚,它却这样温暖明亮,其实我早就被这温柔的光包围了!我还抱怨什么?还羡慕什么?幸福就在我身边!

我为蟹狂

王家睿

苏州素有"人间天堂"的美称。这里有让人流连忘返、曲径通幽的拙政园和狮子林，有古色古香、粉墙黛瓦的周庄和同里古镇；不过，作为一个小吃货的我，最爱的还是阳澄湖的大闸蟹。

"秋风起，蟹脚痒。"当树上的第一片叶子开始变黄的时候，大闸蟹也陆陆续续上市了。

从那时开始，几乎每隔一个星期，老爸都会去阳澄湖带回几只螃蟹。而我，打螃蟹进家门开始，就蹲守在厨房，成了妈妈的"跟屁虫"。

我聚精会神地看着妈妈在水槽里刷螃蟹，"跟屁虫"又成了脑子里有"十万个为什么"的好奇宝宝："妈妈，螃蟹为什么要用绳子绑起来？"妈妈扬了扬手中的螃蟹，比画一下："这样才好清洗呀，你看，这两个大钳子，如果不用绳子绑住，它就会夹人，有时还夹着不放，想想就很恐怖吧？"我浑身起了鸡皮疙瘩，拍了拍胸脯，呼！幸好绑起来了。

看着青色的公蟹大钳子上细密的毛毛，我有点儿可怜起螃蟹了。我问妈妈："等下怎么煮呀？煮的时候螃蟹宝宝不会疼吗？"妈妈说："不用煮，直接隔水蒸。蒸的时候，先放几片生姜在水里，祛祛寒气。"她停了停，又说，"等下蒸的时候，我先把水烧开，这样螃蟹宝宝就会马上变红了。如果用冷水蒸，螃蟹会比较痛苦，要挣扎好久呢。"我恍然大悟地点点头："原来蒸螃蟹也有好多学问啊。"妈妈说："当然了。蒸的时候还要把螃蟹肚子朝上，这样熟的时候蟹黄才不会流出来哦……"

终于，热气腾腾的螃蟹出锅啦！橙红色的螃蟹码在碗里，很好看。一股带着腥味的清香直冲我的鼻子，我迫不及待地拎起一只螃蟹，哎哟！烫死了！赶紧甩到桌上。

我只好求助老爸。老爸先把螃蟹两只大钳子卸下来，用剪刀把蟹钳边剪开，又递给我一个工具——螃蟹另外几只腿上尖尖的爪子。这样，我用爪尖就可以把蟹钳里面的肉挖出来，一点儿不留。

妈妈喜欢吃蟹身。把螃蟹的外壳剥开，壳盖上面都是黄澄澄的蟹黄。妈妈把蟹黄挖出来，又到了我大显身手的时候了，我把蟹盖里面的汤水喝得干干净净。那汤水带一点点咸味，好鲜！

如果把螃蟹身体比作房子，那么蟹壳就是它的屋顶，蟹肚皮就是它的地板，而蟹肚子上一丝丝的肉就是住在房间里的小娃娃，把这些小人隔开的薄薄的蟹壳就是房间的墙面。等妈妈剥好，蟹肚子里的"小娃娃"也有好多进了我的肚子。

我好喜欢吃大闸蟹，感谢大自然给了我们这道美餐！

妈妈祛斑记

张乐其

一向爱美的妈妈越来越觉得眼角边那两小块斑不顺眼了，她决定给自己来个"痛快的"，就去了美容院，做了个激光小手术，把有斑的表皮烧掉了。哇哇，妈妈真是勇士不怕疼！

第一天，妈妈下班回家，我一看：哎呀！不得了！脸上被激光烧过的地方变得黄黄的，外围焦焦的，黄的地方还黏黏的，活像个炒鸡蛋（妈妈说，黄黄的是因为涂药了）。

第二天，妈妈脸上祛斑的地方干了许多，不会太黏了，"鸡蛋"快熟了。可妈妈的上眼皮肿了起来，像鳄鱼的眼睛，都要变成一线天了。妈妈快点儿好吧，我祈祷。

第三天，中午放学后，我马上打电话给妈妈，问她的眼睛还肿吗。妈妈轻松地回答说好一点儿了。可等下午妈妈回家后，我仔细一看，发现她的上眼皮虽然不肿了，但下眼皮却肿得更高了，像青蛙的眼睛，鼓鼓的，红红的，一线天只剩下半线天了。哦不……我哀号，"鸡蛋"啊，你快点儿熟吧！

第四天，妈妈脸上祛斑的红肿已经消退了，周边也开始变得干燥，像是痂要脱落了。我手痒痒，恨不得一下子把那些松动的痂给揭下来。这些痂浮在皮肤表面多难看啊！妈妈听我这么一说，吓得立刻逃出我的视线。她知道我这个搞怪大王肯定不会放过这么好玩的事情。呵呵，"鸡蛋"终于要起锅喽。

第五天，妈妈脸上的痂脱落了，"鸡蛋"已经完全熟了，可以"上桌"啦。

终于，一张焕然一新的面孔出现在我眼前。妈妈洁白的脸上毫无瑕疵，果然漂亮了很多，妈妈也自信了许多。看来，美丽真的是需要行动的呀。

妈妈的话：当初因为怀孕，眼角边上起了两块小斑，这"斑史"都十来年了。之前没有重视，最近的确越看越不舒服，于是用激光弄了一下，在女儿眼里，居然变成了"炒鸡蛋"，呵呵！

我的朋友"死脑筋"

秦 粤

最后一抹晚霞褪去，皎洁的月光照在我的脸上，我又情不自禁地想起我小学二年级时那个最要好的朋友，也是班上著名的"死脑筋"。

他叫王永。从我刚刚认识他，到他转校，他一直都是那么固执，那么"死脑筋"——这也算是"人如其名"了吧。

有一次上体育课，体育老师在批评我们时说了脏话，他就像着了魔一样不停地笑。体育老师生气了，罚他跑操场二十圈，他照做了。下课后，体育老师意识到了自己的错误，有点儿后悔了。他红着脸，像一个小女孩儿似的叫我帮他向王永说声对不起。我走向仍然在跑圈的王永，把体育老师的话转达给了他，他却板着脸，冷冰冰地说："还有十五圈。"说完，他继续"走圈"——因为他的脚崴了。他一步一步地走着，就像一头小长颈鹿。我也陪着他走了近一个下午。到现在我也没明白，他为什么这么"死脑筋"。

他的"死脑筋"不一定就是固执，有时候，还是一种优良品质。

有一次，学校举办短跑运动会，我们班要选一个代表，王永主动站了起来。他的嘴角微微抖动，感觉不是很有底气，但他的眼睛里却写着"坚定"两个字。他说："我来当我们班的代表去参加比赛。"大家都很吃惊，因为他从小体弱多病，腿也不好。最后的决定权落在了身为班长的我手里，我犹豫了一会儿，还是答应了这个不太合理的请求。

从那天起，每次中午午休时的操场上都能见到王永的身影。一天、两天……不知不觉，决赛的时刻到了。虽然我们竭力劝阻，怕他受伤，可他就是不听。最后，我们班得了第二名，很好的成绩，这可以说是他的"死脑筋"换来的。

时光如梭，可能我们再见面时，已经认不出彼此了，但他那"死脑筋"的样子我依然记得，清晰地记得……

我去过脑世界

周海晨

"你脑子是少了一根筋吗？丢三落四！不长记性！"

听听，我妈又在骂我了。唉，谁叫我老是丢东西呢？真想去我的脑世界里数数我的脑神经有几根，看看它们是不是真的少了一根！这么想着，我忽然感到全身一热，头皮一麻，眼前一黑，就失去了知觉……

醒来之后，我发现自己来到了一个沟壑纵横的地方。前方有一个小牌子，上面写着"牛顿的脑世界"。什么？我真的进入了脑世界？还是人类智商排名前十的牛顿的脑世界？我惊讶不已。

我仔细一看，发现牛顿的脑神经上面结满了苹果，有青苹果、红苹果、黄苹果……简直就是一个巨大的苹果超市。难怪苹果砸了那么多人都没事儿，砸到他，万有引力就被发现了。

这时，一个苹果从牛顿的脑神经上掉了下来。苹果一落地，我的脚下就传来一阵源源不断的波动。哎呀！一定是牛顿又得到灵感了，他的大脑开始活动了！这对身在他脑子里的我来说，可是一场大海啸啊！看到苹果疯狂颤动的样子，我居然不由自主地唱起了神曲《小苹果》。听到我的歌声，苹果"跳"得更疯狂了……只听"砰"的一声，我终于被一股脑细胞的"巨浪"甩了出去。

"哎呀！好亮啊！这是哪里？"我被一片光亮闪得睁不开眼睛。等适应了之后我才发现，我进入了爱迪生的脑世界。原来，爱迪生的大脑就是一个巨大的电灯泡！我沿着电线状的脑神经走着，走着，眼前出现了一个放映机，它正在播放爱迪生一生的影像。我立刻坐了下来，津津有味地看着。唉，我什么时候才能到自己的脑世界里，看看我这短暂的一生啊！

没想到，我刚这么一想，时空就转换了——我出现在了一片密林里。我仔细一看，哟，这竟然是我自己的脑世界，那些"密林"就是我的脑神经。每一棵"树木"上都拴着一张标签，标签上写着数字。嘿嘿，这是为了方便我数数吧？我倒要看看，我的脑神经是不是像妈妈说的那样，"少了一根"。于是，我认真地数了起来："一、二、三、四、五……"

你问我后来回去了没有？哎，别打扰我！我正数着呢——糟了，我刚才数到几啦？

返校随想

李泽宁

小学毕业后，我突然间感到不太适应。漫长的暑假，阳光洒在书桌上，楼顶的"雨露"滴溅在屋檐。珠海炎热的夏天，激发我的思念情绪，于是便决定回母校看看。其实，家里距离学校很近，但我却迟迟未能抵达。

我走在红黄交错的石砖上,头顶的榕树为我撑起了一把巨伞,我与太阳之间顿时有了一层隔阂。看着这熟悉的道路,走在这曾经走过的路上,我站在路中间,停下脚步。俯下身,看见了成群的蚂蚁。霎时间,在这人山人海的路上,我感觉自己就像一只蚂蚁,甚至还不如一只蚂蚁。

也许蚂蚁在我们眼中,只是一只一脚可以踩死、一吹就灰飞烟灭、贱草如根的小虫。可是你是否认真看过,它们比我们人类勤劳、团结和强大。湿润的土地,是它们的安身之处;人类不要的食物,却是它们的美味佳肴。它们在一起工作,一起捕食,一起建筑巢穴。它们虽然小,但是却能轻而易举地把比它们大好几十倍的螳螂或蚯蚓一步一步地拖回巢穴中。它们团结一致、意志坚定,所以能够发挥出如此强大的力量。

尽管它们没有像蝴蝶蜜蜂一样小巧而轻快的翅膀可以自由自在地飞翔,也没有小狗小猫那有力的四肢可以奔跑,但它们从低处爬行,也能跃上树枝,爬上高楼。

原来,我还不如一只蚂蚁。

蚂蚁有极其强烈的求生欲望。每当我们看见它们被水淹没,看见它们即将被死神紧紧抓住时,它们都会努力挣扎,努力逃出死神的魔爪。因为它们不能和我们一样,在遇到危险时大声喊"救命",所以它们只能靠自己的拼搏和努力,在面临水灾或其他危险时毫不退缩,拼命地爬上爬下,挣脱危险和困境,找寻生命的出口。

是的,热爱生命的蚂蚁启示着我们——我们也应该珍惜生命。生命虽然短暂,但也是一段奇妙与充满生机的旅程。正因为这样,我们才需要更加珍惜来之不易的生命,用心去感受这个世界的鸟语花香。

想到这里,我缓缓起身。一眼望去,一个个行人匆匆忙忙地赶着路,我一边回忆着刚才感悟到的,伴着从叶缝中透出的暖阳,我揉了揉眼睛,大步向着母校前行。

夜空中最亮的星

当在黑夜中迷失,孤独漫无边际时,忽然,前方亮起了一颗星,只有一颗,唯一的一颗,无价的一颗。那颗星在黑暗的世界里散发着微弱但又坚定的光芒,指引着我前行。

网络警察

周子恒

很久以前，我就知道爸爸的工作和网络有关。到现在我才弄清楚，原来，爸爸是一名管理网络"流氓"的网络警察，也就是管理网站和微博、微信内容的管理员。

虽然爸爸的工作听上去没那么累，但其实真的很辛苦。他的岗位需要二十四小时值班，他的手机需要二十四小时开机。有紧急情况的时候，半夜也要到岗去处理公务。有一次，他连续值了三天班，晚上都睡在办公室里，害得我整整三天没见到爸爸，整整三天欸！

爸爸处理一件事情要打很多个电话，处理一个帖子也一样：要先把网站负责人找到，再把删帖的理由告诉他，并要求网站负责人管好"平台"，不能再发类似的帖子。如果多次发现网站有这类帖子，负责人就可能受到法律的严惩。

有一次，我半夜起身去上厕所，迷迷糊糊中，听到爸爸又在打电话。我看了看闹钟，已经十二点了。爸爸的语速时快时慢，讲完一个电话没多久，铃声又响了，又是一段长聊。我竖起耳朵，静静地听着爸爸讲话的内容，知道出了一个大事故，怪不得爸爸的语气中透露出焦急。最后，只听"砰"的一声，家里的大门关上了，我知道，爸爸又去加班了。

听妈妈说，有一次，爸爸因为打电话的时间太久，手机烫得关不了机，吓得他把手机扔到门外去了。

听了这些事，你们应该了解网络警察的难处了吧？请大家不要随意在网上发布攻击、侮辱他人的帖子，我们应该共同维护网络文明，这样，我爸和他的同事们就可以轻松一些啦！

畅想青春梦　美丽万柏林

张　凯

当微风轻柔地托起一丝丝柳絮的时候，当阳光照耀在充满书香的校园的时候，当鸟儿清脆的歌声响起的时候，我正在享受这美好的校园生活。

怀着愉快的心情，走进洒满晨光的教室，安置好书包和作业，准备开始一天的学习生活。

"丁零零……"预备铃响了。琅琅读书声响彻整个校园，连窗外的鸟儿都和着我们的读书声。

每当老师飒爽的英姿出现在三尺讲台上的时候，我们的心随着老师一起在知识的海洋里遨游，在另一个世界里感受新鲜的阳光、去领略异国的风情，一起去长篇大论怎样去体验，我仿佛已经身临其境。

课间十分钟是我们快乐的天堂，我们一起聊天增进感情，我们一起在篮球场奔跑，我们一起在操场上散心。到处洋溢着愉快的气氛。我们的大课间给了我们足够的空间和时间，在做完操后，我们自由活动。这时往往是最热闹的时候。

友谊是生命的灵魂,心灵的灯塔,我的校园生活是甜蜜的。因为我的校园生活有很多的伙伴,一个个甜甜的微笑,一句句关心的话语。在我们成功的日子里,我们欢呼着,一起分享成功的果实,一起用快乐的音符奏响心灵的乐章。我们同甘共苦一起走过。每当听到小鸟的欢唱,树叶的沙沙声时,我的心越来越充实。踏着脚下的小草漫步,我的烦恼随着漫步消失在花丛里,一切都是那样自然,一切都是那样舒服。校园生活因我的好伙伴而更精彩,不管多久以后,我都不会忘记他们。

日复一日,年复一年,在一些同学眼中看似枯燥乏味的学校生活,其实同样充满无数的精彩。我的校园生活似一条在山间潺潺流淌的小溪,它欢快地奔流着,时时泛起一朵朵晶莹的浪花,和着天籁般的声音。我的校园生活在无声的岁月中为我点缀了一幅幅人生的画面,唯美的画面,它使我的校园生活多姿多彩。我爱着这美好的校园生活,永远永远……

夜空中最亮的星

周梓卿

夜,是摆脱的世界;星,是心愁的化解。

今天的夜晚安详而宁静,只有星星还唱着它的歌谣,月光清清,映得心灵也透明,无数的烦恼被它悉数化解。世事的喧闹在这一刻悄然无息，闭上眼睛，悲伤的记忆化作澄澈的眼泪，变成流星，划过天际。我知道白天我不能做最闪亮的一个，但在黑夜我可以成为最真实的自己。

不知从什么时候起，我喜欢一个人在黑夜中行走，喜欢陪星星一起做一个孤寂的孩子。彷徨间，我发现自己原来只有在黑暗中才能彻底做回我自己，只有在黑暗中才能迎来属于我的灿烂光芒。我与夜晚有一种特殊的感应，心，能望穿夜，却会被那最闪亮的星激起圈圈涟漪，前世的记忆在这时仿佛复苏，忆起往昔，幕幕化作电影。

当在黑夜中迷失，孤独漫无边际时，忽然，前方亮起了一颗星，只有一颗，唯一的一颗，无价的一颗。那颗星在黑暗的世界里散发着微弱但又坚定的光芒，指引着我前行。

夜已深，四下无人，我独自静静地感受着这黑夜。黑夜属于幸福的人，只有他们才能看到用心铸成的星，经过这种境界的夜的洗礼，他们会时时拥有幸福的感觉；而不幸的人，在夜的煎熬中，看到的则是用忧愁铸成的星，他们会时时被烦恼缠绕。

我的世界很美，星星很多很多，其中有最耀眼的一颗，那就是我。我就是这样的，一个像星星一样闪亮，喜欢像星星一样寂寞的孩子。时光静静的，太静了，思绪就抽出了嫩嫩的芽，向着有星光的地方生长，向着有梦想的地方生长……

仍然是我一个人，伴着星星，思绪飞扬。

夜空中最亮的星，当我迷惘的时候，请你指引我前行。

我和爸爸去买书

杨 菲

又是一个阳光明媚的周日，我和爸爸各自背上大背包，去北滨路书城买书。

走进一家书店，我和爸爸迫不及待地认真挑选起来。大半个小时过去了，爸爸突然像发现了宝藏似的，大叫道："看！这两本书怎么样？"我一看，爸爸高高举起的是《老人与海》和《马克·吐温散文集》。"这本《老人与海》可是大作家海明威的作品！《马克·吐温散文集》的作者马克·吐温也非常不得了……"爸爸侃侃而谈，但我已经快听不下去了："够了！我觉得这些书没什么好看的！您看看，这本怎么样？"我举起一本《笑猫日记》。爸爸不高兴了："要买就买名著！不要买对自己无用的书！那样毫无意义！"我想：不买就不买吧。或许，在下一家书店我能找到一些自己喜欢的名著。

接着，我们来到了二通道的一家大书店。这家店的顾客特别多，其他书店远没有这里火爆。这是怎么回事？我仔细一看，原来，只有这家书店陈列着科幻小说。我特别开心，因为我很喜欢看科幻小说，我真想把它们统统买下来。

"爸爸，我们买一本科幻小说吧，可好看了！"我尝试着说服爸爸。"多看名著，有益健康，为你好！"爸爸不为所动。我束手无策，只能垂头丧气地走出这家书店。爸爸让我在原地等他一会儿，我猜，他肯定是跑回去买名著了。我开始盘算：好不容易来这里买书，又看到了自己喜欢的小说，现在爸爸不在，我是不是该有所行动？对，行动！行动！行动！

我悄悄返回到刚才那两家书店，买了一本《笑猫日记》和三本科幻小说。我把书藏在背包里，然后飞奔回爸爸让我等他的地方。我心里暗自窃喜：回去有得看了！不一会儿，爸爸果真抱着一大堆名著回来了。他把名著硬塞到我怀里，说："这些都是大作家写的，要认真读，要体会作者的思想感情和写作技巧，还有……""嗯嗯！"我用力点了点头，背包也随之摇晃起来。"你包里都装什么啦？看起来很重的样子。""没什么，不信你翻翻！"我早就想好了对策，并不惊慌。爸爸打开我的背包，看到了"闲书"，有些生气又有些疑惑地说："这些书哪儿来的？""我自己带的呀！"就这样，我骗过了我那老实的爸爸。

同学们，在你们家，买书都由谁做主？你们觉得，买书这件事，我们是应该听爸妈的，还是"听自己"的呀？

校园一景

纪思婷

清晨，来到操场，看到一轮红日从东方冉冉升起，我眯着眼，伸了伸腰，忽然感到我眼前一些色彩在晃动，睁眼一看，原来是校园四周飘扬着很多彩旗，一派节日的气氛。啊，要到国庆节了，放长假了，心里那个爽啊！真是左盼，右盼，上盼，下盼的，总算把长假盼来了，明天就可以回家了。

这天晚上，我们兴奋得睡不着，和室友们叽叽喳喳地说着各自的国庆计划：第一天去逛街，第二天和家人出去聚餐，第三天……算来算去谁也没有把学习时间排上日程，谁也不谈学习的事情，为什么？这时候谈学习，伤感情啊。

第二天，下午最后一节课。谁还有心思上课啊。有的同学神情呆滞，眼睛直直地看着前面，不知在想什么，无心上课；有的同学一会儿低头偷偷看表，一会儿抬头望望窗外，恨时间过得太慢；有的同学一会儿冥思苦想，一会儿奋笔疾书，头都不抬一下，也许是想把作业赶紧写完，回家好痛快地玩儿……

"丁零零，丁零零……"下课的铃声终于响了，班里的几个男生如脱缰的野马，飞奔出教室，那速度恐怕就是运动员都望尘莫及，眨眼间，连个人影都不见了，看来国家田径队不到我们班选队员，那真是我国体育界的损失啊。

几分钟后，教室就没人了，曾经欢声笑语的校园也渐渐恢复了平静，那四周悬挂的彩旗也在频频向我们点头，好似与回家的同学们挥手作别，又似乎在等待同学们下个星期的回来。

童年的朋友

陈艺轩

我和雪倪娜是形影不离的好朋友。雪倪娜是谁？它就是我的长毛绒玩具狗——贵妇犬。

记得上一年级时，爸爸带我去公园玩。公园里有很多人在遛狗，一只美丽的贵妇犬让我看得目不转睛。我请求爸爸给我买一只，爸爸不同意，我很不高兴。

从公园回来后的第三天，爸爸突然抱回来一只毛色洁白无瑕、似雪如棉的贵妇犬。我定睛一看，原来是只绒毛玩具狗，但我也乐开了花。我一把抢过爸爸怀里的小狗，高兴地抚摸着它身上软软的绒毛。"你给它取个名字吧？"爸爸笑着说。我歪着脑袋想了想，"就叫雪倪娜吧！"爸爸拍着手说道："这名字好！有什么含义吗？""雪，因为它的毛洁白如雪。倪娜，是我看过的一本童话书中公主的名字，我觉得很好听。""雪倪娜！"爸爸摸摸我的脑袋，又拍了拍小狗的头，笑了……从此，雪倪娜就成了我形影不离的好朋友。

时间一天一天地过去，我越来越宠爱雪倪娜。早晨起床后，第一件事就是抱起可爱的雪倪娜，亲它一口，跟它说："早上好！"有一次，我数学考试成绩不好，我趴在书桌上哭起来，哭了一会儿，我抬头一看雪倪娜，它正睁着大眼睛看着我，好像在对我说："别灰心，努力努力再努力，你一定能考好的！"我擦了擦眼泪，对它笑了笑，我在心中暗暗地说："对，我要加油！"还有一次，我作文比赛得奖了，我一回家就抱起雪倪娜，跟它一起跳起了华尔兹。雪倪娜嘴角微微扬起，似乎在朝我微笑呢！

夜深了，我紧紧地抱着雪倪娜，在它耳边轻轻地说："你是我童年里最好的朋友，我爱你，雪倪娜！"我们一起进入了甜甜的梦乡……

晒 蓝 天

崔风鸣

正月初七晚上，一吃完晚饭，我和妈妈就到门口的小路上散步。当我们像往常一样仰望天空时，我俩都忍不住发出了惊呼："哇！今天我们能看到天上的星星欸！""竟然能看到这么亮的星星！妈妈，快看！那颗星星好大哟！""是呀！那几颗小星星连在一起像个勺子，是不是书上说的北斗星啊？快上网查查！"我俩都兴奋极了。妈妈说，这样的景色她已经好长时间没有看到过了，她感觉自己好像回到了小时候。

空气新鲜极了，我和妈妈使劲儿地做着深呼吸。我们像两个捡了便宜的孩子一样，因为新鲜空气不要钱，就恨不得把所有的好空气吸入自己的肺中。我们一边欣赏美丽的夜景，一边用手机翻查着相关的资料，还真认识了不少星座。今天晚上的收获可真不少啊！要是每天的空气质量都这么好，我们可就有福喽！

第二天，妈妈的微信朋友圈里，"晒蓝天"成为刷屏的主题。看来，大家都在为这几天的空气质量欣喜雀跃。每一张照片上都可以见到万里高空一片碧蓝，连一丝白云都找不到，就像天空妈妈把刚刚洗好的蓝衣裳拿出来晾晒，那衣裳真是干净得晃人的眼。我竟然看得痴了，怀疑这样的天空到底是不是真的——看来，前段时间的雾霾给我留下了"后遗症"呀。

妈妈说，在微博上，不少人管这样的天空叫"傻晴"。顾名思义，就是晴得有点儿傻，有点儿纯粹。这样的天空，一般出现在冷空气前锋过后，冷高压控制时。有网友调侃说："原来小学作文的经典名句'今天阳光明媚，万里无云'可以改成'今天傻晴傻晴的'。"我突然想道：要是我们小学生在作文里写这样的句子，老师会不会做出这样的点评——"是呀！你看蓝蓝的天都快看傻了吧？"哈哈，真是个很好玩的句子！

你们那里的天气怎么样？这傻晴傻晴的天，是不是让你们羡慕不已呢？不把它晒出来，简直有愧老天爷的恩赐啊！

牛气十足的电动车

杨雅淇

唉，小长假真是太短了，我好像刚来姥姥家就要走了，好伤心呀。

　　车票是下午三点的，我和老妈一点钟就从姥姥家出来了。姨骑着电动车将我们送到马路边，可等呀等，等得花儿都谢了，我们连一辆开往车站的大巴都没看见。今天是假期的最后一天，出现了返程高峰，本来就不算宽的马路被两条趴着不动的汽车长龙给堵满了。眼看着时间在眼皮底下快速溜走，我急得直跺脚。

　　姨突然调转车把说："干脆我送你们到公交车站吧。"老妈说："你看这都堵着呢，公交车站也没法去呀。"姨轻松地说："平时给一诺送饭，我哪条路没走过？我带你们从地里抄小路。"我的表姐一诺在县城上初中，家里做了好吃的，姨经常给她送去，送成了一个"路通"。

　　只有这个办法了。姨用电动车带着我们，在村子里弯弯曲曲的小路上穿行。出了村子，四处是青灰色的麦田。不好！看前面，小路也被堵住了！小土路非常狭窄，前边的车稍微有点儿状况，谁也无法动弹一下。我们就这样被夹住了，无法进退。

　　姨急中生智，说："我们下麦田！"这条小土路高出两边的麦田半米多，我们三人费力地将沉重的电动车抬起来，小心地放到底下的麦田里，艰难地推行起来。

　　你猜怎样？那些被困在驾驶室里寸步难移的司机们看着我们的电动车，全都露出了羡慕的表情。

　　虽然在麦田里走得满身灰土，但我还是挺得意的，因为，我们终于突出重围了！我满心佩服地为姨竖起了大拇指："姨，你的电动车可真牛啊！"

我的老爸是村官

黄嘉怡

老爸在当村官前是电脑工程师，那拎着小包、西装革履的样子别提有多帅了。可自从当了村官之后，他白皙的皮肤就变得黝黑，他还得意地说那是健康美。

去年夏天，老爸接到台风来袭的预警，彻夜守在村委会。哪家有危房，哪家老幼行动不便，他了如指掌。那天，张大爷家的电话没挂好，老爸怎么也打不通。不怕一万，就怕万一，老爸决定和村委会的叔叔一起去张大爷家。台风呼呼地刮着，村里还没有路灯。他们穿着雨衣，拿着手电筒走在乡间的小路上，老爸摔得满身泥。好不容易把张大爷安排好，他们又接到轧西田间的涵洞堵塞的电话，他带头就去田里疏通管道了。第二天一早，我和老妈惊讶地发现，门外站着一个连脸上都是泥巴的老爸。我和老妈都嘲笑他是一个"难民"，可老爸不屑地说："你们懂什么？我这叫接地气。老百姓可不喜欢只说不做的村官，你们不知道，老百姓可喜欢我了。"哎哟喂，老百姓当然喜欢"多管局"局长啦！谁家庄稼有害虫，谁家家畜有病疫，谁家婆媳不和谐，谁家子女不孝顺……他统统要管！

最近，老爸连别人走路也管上了。前几天，老妈让老爸去买料酒。我家离小卖部来回也就五分钟的路，可老爸去了半天也没回来。

老妈生气极了,让我去看个究竟,可小卖部里压根儿没有老爸的踪影。半个小时后,老爸总算出现在了家门口。他嬉皮笑脸地告诉老妈,他在小卖部看见住在村头的李奶奶步履蹒跚地走回家,想着老人家得走近半小时,他就主动送李奶奶回家了……

唉!家有老爸是村官,就会经常上演"失踪记"啊!

别让我的真心散得像沙

白 露

每个人都有自己喜欢的歌,因为歌声有巨大的魔力,在你无法入睡时,它给你催眠;在你遭受磨难时,它给你动力;在你伤心难过时,它给你安慰;在你无比高兴时,它和你一起分享。当然我也不例外,我也有自己最喜欢的歌。

那是很偶然的一次,我通过一个电视节目,听到了杨宗纬唱的《流浪记》。这首歌讲述一个孩子从山里到城市的艰难流浪和心理变化:憧憬、自励、艰辛、挣扎、虚伪、思索、真情、彷徨,反映了底层青年茫然无助的内心世界。在以一架钢琴为主的伴奏下,杨宗纬沉着浑厚的中音和激昂高亢的高音对这首歌做了最深刻的诠释,没有夸张和表演,只有深情跌宕的歌唱和发自肺腑的诉说,用情至深,在场的观众被打动了,热泪盈眶。"怎样才能够看穿面具里的谎话,别让我的真心散得像沙。"简单的歌词瞬间也穿透了我的内心,有一种感动,亦有一种共鸣。

都说这个世界是残酷的，虚假的，每个人都戴着面具生活，说的话是谎话，脸上的笑是假笑。有些人追名逐利，不惜去欺骗，使心计，耍手段，不仅伤害陌生人，还伤害自己亲近的人。比如传销，将欺骗编织得十分完美，但完美中尽是欺骗。渐渐地，骗与被骗成了人与人关系的纽带，骗的人获得想要的金钱，但却失去了最宝贵的诚信与坦然；而被骗的人在失去金钱的同时，也失去了对社会的信任，对人情的信赖，对生活的信心。

还有一些年轻人，一些处在校园里的学生，本是最美丽的时候，本应纯真、灿烂，散发年少特有的气息，却变得复杂起来，"装"上了面具：在父母面前"装"一个好孩子，言听计从；在老师面前"装"一个乖学生，毕恭毕敬；在同学面前"装"一个好朋友，有福同享有难同当……不为别的，就是想得到别人的肯定和赞美，以至忘了自己最初的梦想和愿望。那原本应该充满阳光快乐的笑脸，竟然如此陌生，只剩下了一张空壳。

所以，要做就做真实的自己，活出自我，诚实地面对自己和他人。"别让我的真心散得像沙"，这是一种呼唤，近乎乞求似的呼唤。在有些人眼中，真心一文不值，但关键时刻，它又价值连城。真心能开出世间最美的花，真心能化解人间最深的恨，真心能付出社会最多的爱。真心融入了很多元素，像真诚、善良、友爱、耐心等，真心一旦付出，它就容不得伤害。真心有时候很强大，强大到坚不可摧；有时候又很脆弱，脆弱得一碰就碎。所以我们要珍惜真心，珍惜别人的真心，珍惜我们付出的真心，"别让它散得像沙"。

好歌是穿透心灵和触摸灵魂的，我喜欢这样的歌，它发自人的内心，打动了我。相信它也能打动你，因为我们的心是共鸣的。

超级路盲症

张子瑞

在《爸爸去哪儿》的主题曲中有一句歌词是"我的老爸是个神话"。这句歌词却总让我想起我的老妈,因为呀,我的老妈是奇葩!

要说老妈的奇葩之最,非"超级路盲症"莫属。

老爸说,老妈是属于"放心牌"的。这并不是因为老妈的颜值低得让他放心,而是因为"超级路盲症"使老妈基本上只开车往返在单位和家的两点一线之间。只要一出这个圈子,老妈就找不到回家的路,所以,她永远都在这个安全区间内活动。上车家里,下车单位;上车单位,下车家里。你们说,老爸能不放心吗?

虽说总是"两点一线",可总有需要踏出安全区的时候。有一次,老爸带我去课外班,下课后,我们跟老妈约好在某家连锁餐厅集合,还再三给她确认了地址。点餐完毕,我们左等右等都不见老妈前来,拨她的电话总是暂时无法接通。十分钟后,电话终于通了。老妈说她已经点餐完毕,就等我们了。可我们在餐厅里找来找去,就是找不到老妈,老妈也找不到我们。最终我们发现,原来老妈找错了餐厅!虽说连锁餐厅的名字都是一样的,但两家店之间足足相差了二十分钟的车程啊!这也能找错?一个小时之后,老妈气喘吁吁地带着打包的食物跑进了我们所在的餐厅。我和老爸故意板着脸。老妈怯生生地说:"我能找到这家餐馆简直是个奇迹,我差点儿又去了另一条街上的连锁店……"我和老爸当场被老妈"雷"晕了!

老妈最怕的是开车过立交桥。如果没有人指引,一般情况下,她很难找到正确的方向。有一次,老妈开车带我上了立交桥,老爸用电话指挥她转了足足二十分钟,差点儿把我给转晕车了,老妈才转到了正确的出口。她不以为耻反以为荣,居然兴冲冲地高唱了一曲《天路》以示庆祝。依我看,唯一比"超级路盲症"更严重的,就只有老妈的"超级乐观精神"了。要说老妈由"超级路盲症"引发的糗事,还真是有一大箩筐。有兴趣的朋友,请期待我的下回分解吧!

我家的金子

姚欣然

我家里有一个大鱼缸,里面有一条我最喜欢的金鱼——金子。它是鱼群里面体型最大的一条,有着金黄色的鳞片、三角形的小尖头和大大的白色肚皮,尾巴却是橙白色相间的,背部有一道小小的黑色的疤。

金子很漂亮,但是它有一个让人捉摸不透的喜好:总喜欢离开鱼群孤孤单单地玩儿。每当我往鱼缸里面放泡泡时,金子总是一个人游到水底,仔细观察一个又一个泡泡,尝试用嘴巴试探性地碰触它们,碰一下,退出很远,又转回来,再碰一下……或许它在想:这些泡泡是从哪里来的?又要到哪里去?它们为什么不会破呢?

金子非常喜欢钻到大海螺里面。海螺是爸爸去三亚的时候带回来的，黄白色相间，很大很大，放在耳朵边上，会有呜呜自鸣的声音。金子常常把那里当作自己的家，躲在海螺里自得其乐，有时候也会悠悠闲闲地进进出出，似乎在和自己玩捉迷藏。但是如果有其他鱼儿游过来，它就会惊慌失措，下意识地以为自己占用了别人的地盘，把自己的"小窝"拱手让给其他鱼儿。

金子是一条奇怪的鱼儿。每次喂食，我们总要关照一下它。因为它并不会像其他鱼儿，看到食物就会从很远的地方飞快地游过来，尽可能多地抢夺鱼食。金子总是一副大家闺秀的样子，不慌不忙，从来不跟其他鱼儿抢食，只要鱼食没撒到自己身边，它就不会吃。只有当我们把鱼食撒到金子周围时候，它才会"唰"一下把属于自己的鱼食全部消灭。

这就是我家的金子，有点儿小孤独，有点儿小心事，当然这并不影响它自得其乐、优哉游哉、快快乐乐地生活着。

正是因为金子的与众不同，我非常喜欢它。

我的朋友金大德

金悦山

我的朋友金大德是一个精益求精的人。

金大德瘦高的身材，一米七五左右的个头，一头黑白相间的头发，鼻梁上还架着一副眼镜，活脱脱一副书生模样。

金大德炒菜和别人很不一样。昨天上午，他刚开始改稿子，就听到妈妈喊他："大德，快来做饭啦！"他转了转眼球，耸耸肩，无奈地朝厨房走去。我也跟了过去。他倒油入锅的时候很小心，不多也不少，刚刚好。我看他打鸡蛋后搅拌的速度实在太慢，就不耐烦了："喂，我说您能不能快点儿啊？太慢了吧！""没关系，时间还有呢，着啥急？要做就做好了。"嘿，他还真不是一般的精益求精，而是特别的精益求精！

金大德是一名大学教授，他对他的学生们很认真负责。昨天晚上，我一觉醒来，发现他还在伏案工作，而那时已经是半夜十二点了。"嘿，几点了？还备课呢？"我说。他却好像没听到的样子，无动于衷。今天早晨，我一觉醒来，发现他眼睛红红的，眼圈黑黑的，显然，他熬夜了。"我今天比较忙，所以不要给我打电话发短信，或者到办公室来找我，明白？"他说。我问："您昨晚那么累在干啥？""找资料呗。"他不以为然地说。"您找资料能把自己找得这么累？"我很不解。"呃，我还要改学生论文，没时间跟你聊了。""您为什么非要给学生找资料？"我质问他。"为了学生的梦想呗。他们来到这里，不就是为了实现自己的梦想吗？"他突然把语气加重，吓了我一大跳。

这就是我的朋友金大德，他通过精益求精，实现了自己的学术梦。现在，他正在帮助自己的学生实现他们的梦想。

是的，这位金大德，就是我的爸爸！

夜空中最亮的星

心中的荷

张心怡

待我追随时间的痕迹渐渐长大，便换我做你的荷叶，风雨无阻。

——题记

滴答，滴答，傍晚的荷塘，下起了雨。撑伞路过荷塘边，不知不觉，雨渐渐大了。

满地的荷叶摇曳起来，东倒西歪，荷花却不见了踪影，放眼望去，一片绿色的海。水面浪花渐起，荷叶单薄的身体瑟瑟发抖，低下头仔细寻找，那粉嫩如少女般的荷花，正在荷叶的怀抱里安然入睡。

感动如潮水般涌上心头，不由得逗留了好久，眼前一幕仿佛和那个人重合，触动心中最柔软的地方。

不知多久，雨还在下。

远远的桥那头，好像有人在呼唤。那熟悉的声音牵回了我的思绪。转身看去，那不是妈妈吗？此刻正撑伞站在雨中，有些憔悴的面容，一时让我陌生。

回过神来，我小跑到妈妈身旁，收起那把小伞，躲进妈妈的大伞里。

"你这孩子怎么回事儿，这么晚了，咋不知回家呢？"语气带了些许责备，更不乏担心。胳膊揽得紧紧的，小心翼翼把我护在伞的中央。

"你这么大了，还总是让妈妈操心，以后早点儿回家啊！"妈妈又说。明明是那么普通的话，却使我的鼻子酸了。突然发现，不知不觉间，我比妈妈高了不少，妈妈头顶那几根不知被雨水还是汗水打湿的白发，硬生生地闯入我的眼帘。

可记忆中不管我多大了，妈妈总是这样，风雨来了，把我护在伞的中央，任由雨水打湿她的肩膀。

沉默中，我拿过妈妈手里的伞，用力向她头顶举去，另一只手揽住妈妈的肩膀，原来雨水打在肩上那么冷。

荷塘渐行渐远，回头一望，那池荷叶依旧迎风摇曳，依旧为荷花抵挡风雨。雨水冲刷过得荷叶更加斗志昂扬，掩映着荷花娇羞安静的睡颜。

忽然妈妈开口了："今年这池里的荷花，好像少了许多呢！"我笑着回头指向一片荷花下方："妈，你看，荷花都在这儿躲着雨呢！"妈妈侧头看去，也笑了起来，弯弯眉毛下的眼睛，好像盛满了星光。

并肩走向回家的路，雨也渐渐小了，忽然想到，等我在年年岁岁中慢慢长大，一定为妈妈挡风遮雨，就像小时候她对我那般。

也如同那一池的荷花，慢慢绽放在心灵深处，若干年后，永不褪色。

老爸减肥

朱晨曦

"我要减肥！我要减肥！我一定要减肥！"爸爸在客厅里张开那"公鸭嗓"信誓旦旦地说着。

"老爸，你可别逗啦，我记得上次你也说要减肥，结果反而长了三斤呢！"我在一旁故意叫嚣着。

"哎呀，现在不减不行啦，肚子越来越大了，同事都笑我像怀胎六月的孕妇呢！这次一定要减肥成功！走，儿子，跟我下楼跑几圈！"

"OH！NO！为什么要拉上我啊，不要……"我还想躲闪，却被爸爸一把拽出了门外，拖入了电梯。

我不得不和爸爸一起跑起来，三圈下来，我额头微微冒汗，而爸爸却早已大汗淋漓，气喘如牛了，我心疼地对爸爸说："现在我终于知道您为什么一定要减肥了，您看，才跑了几圈，您就气喘吁吁的，再不减肥就真的跑不动了！"

"是啊，是啊，所以我还得坚持，再跑几圈！"

"晨曦！晨曦爸！回来吃饭啦！……"楼上传来妈妈一声接一声地呼唤。

"耶！老爸，回家吃饭啦！"

"不行,我得再跑几圈!"

我只好无奈地陪爸爸跑完一起回家。

推开家门,一阵阵菜香扑鼻而来,只见桌上摆满了美味佳肴:红烧排骨、泡椒鱼头、醋溜土豆、空心菜……

我和妈妈大快朵颐,吃得满嘴流油,爸爸却在一旁拼命地咽口水,用筷子点点这个,又伸向那个,"唉,这个不能吃!这个也不能吃!"

"给,老公,吃块排骨吧!"妈妈"关切"地夹了一块排骨要往爸爸碗里送。

"不要,不要!我要减肥,只能吃青菜!"爸爸赶紧护住了自己的碗,我和妈妈相视大笑起来!

饭后一小时,爸爸又做起了仰卧起坐。

两个星期过去了,爸爸减肥初见成效,竟然减了五斤半!

姐姐做鱼记

唐 涛

今天,妈妈不在家。姐姐手舞足蹈地对我说:"哈哈,今天我终于能露一手了,涛涛,你有口福了!"我小声嘀咕道:"口福?你会做饭吗?能吃吗?"姐姐没有理会我,走向厨房开始她人生中的第一次做鱼。我把电视关掉,偷偷地跟在后面看她如何做。

只见姐姐从盆里捞出一条妈妈事先料理好了的鲢鱼,放在砧板上，抄起菜刀，想把鱼分成几块，可一刀下去，鱼肉还连在一起。姐姐见状，把刀再次举起，咬紧牙关狠命一剁，鱼肉总算分成了两块，接着，姐姐如法炮制，把鱼剁成了大小不等的五六块。然后她一边嘴里念念有词（念的是妈妈传授的做鱼经），一边行动起来，只见她有条不紊地打开煤气灶，倒上色拉油，油发出了"哧哧"的声音，姐姐连忙把剁成块的鱼倒进锅里。由于姐姐倒鱼的动作太大了，油从锅里飞溅出来，溅得到处都是，有几个小油点竟然溅到了姐姐的手上。"哎呦！"姐姐尖叫起来。"快把手放到水龙头下冲。"我想起妈妈做汤时在锅里放上水，油就不跳了的情景，于是连忙在锅里放了点儿水，油总算安稳下来了。"糟了，乱套了！"姐姐边说边手忙脚乱地把盐、黄酒、红糖等调味料放进锅里，盖上锅盖，用大火炖着。见没有好戏看了，我又溜回房间看电视了。

　　"哈哈哈……"我看到滑稽处，忍不住哈哈大笑。"什么事情这么好笑？"耳边传来姐姐的声音，我回头一看，原来姐姐被我的笑声吸引过来了。过了一会儿，我对姐姐说："姐，什么味道？""天啊，我的鱼！"姐姐边说边以百米冲刺的速度奔向厨房，揭开锅盖一瞧，鱼已经煳掉一大半了。

　　姐姐心疼地将煳了的鱼倒掉，满脸沮丧地对我说："真是'出师不利'呀，没办法了，看来今天只能吃泡面了……唉，都怪我不好，你以后做什么事都要用心啊，千万别学我！"

从天而降的作业山

包晨昕

"同学们,大势不好!因为我们太贪玩,学校给我们准备了山一样高的作业!""什么?学校从哪儿弄来那么多作业?"我一拍桌子,站了起来:"跑呀!同学们!山一样的作业,那可是写到死都写不完啊!"

我们背起书包就往外跑,等我们飞奔到校门口时,发现校门已经被连绵的"群山"给堵住了。仔细一看,"群山"全是由作业堆成的!"同学们,"校长站在"群山"面前,笑嘻嘻地说,"一人做完一座山就可以回家啦。"

天哪!我们正想到别处寻找出口,却发现学校已经买了十几个钢铁侠和数不清的机器终结者来看守我们。"无路可逃的。同学们,加油做吧!"校长和颜悦色地说。

我们只好返回教室,开始做题。"这哪儿是学校,分明是监狱。"我小声嘀咕着,望了望终结者,他正用那红红的眼睛不怀好意地监视着我呢。

我们做啊,做啊,好不容易,作业山的海拔降低了一点儿。突然,新的作业像下雨一样落进了校园。抬头一看,我的天啊!学校居然用飞机给我们运作业!再这样下去,我们卓尼县一定会被作业埋掉的!

我们写啊，写啊，写了一年，作业山还是那么高。我终于忍受不了了，假装要逃出校园，把终结者吸引到了作业山旁。终结者向我举起了激光枪，在它扣动扳机的一刹那，我向旁边一闪。只听"轰"的一声，作业山崩塌了……

第二天，甘南报纸的头版头条都是："奇闻——卓尼县遭遇作业'泥石流'！"至少，我们解放啦！

我的高冷同学

曾易青

"嗖嗖嗖——"一阵冷风吹过。"呼呼——"天空中飘下了鹅毛大雪。哎，那个高冷同学又来啦！

我们班的小A长着一张帅气的脸蛋，他和偶像剧里的男主角一样，爱装酷。这本来也不关我们的事，可是，他一装酷，气温就会下降。

这天，他摆着一张面瘫脸从我们身边走过。伴随他而来的，是一股冷风和一阵鹅毛大雪。经验丰富的我们早有准备，立刻套上羽绒服。上课的时候，小A上讲台交作业，刚刚转来我们学校的语文老师顿时打起了寒战，抖得像通了电一样，我们在下面看着都心疼。唉，多漂亮的一位女老师啊，估计下班后就得长冻疮了。

让人期待已久的夏天终于到了。这天，小A来到了游泳池边，打算游泳。他进去之后,正在游泳的人都愣了一愣,然后像炸了锅一样,全部冲出了游泳池。那天晚上,我打开电视,看到了这样的新闻:"因一位高冷同学在游泳池里游泳,导致游泳池被冻成了冰池。冷气沿着供水管道向全市蔓延,气温急剧下降。据专家分析,我市将迎来建市以来的第一个冰川世纪……"

最近,这位高冷同学大概又看了不少"霸道总裁"剧,面瘫脸"进化"成了冰块脸。这天,他一如往常地滑着冰来到学校(因为太冷,市里干脆把街道都改成了滑冰场)。一位女生不小心撞了他一下,他用冰冷的眼神看了女生一眼,女生立刻被冻住了。学校见此情景,立马出台新校规——只要进入学校,小A同学就必须戴上墨镜!

小A同学,你什么时候才能放下你的"偶像包袱"啊?

家有木匠

魏 来

我的老爸是木匠。木匠也分好几种,我老爸是装修木匠,负责室内装修。别瞧不起这个职业,在我们的新家里,有好多东西都是我老爸亲手做的。

室内装修木匠主要负责吊顶(天花板装修)、做木制家具和墙壁装饰造型等。老爸用的工具也五花八门:刨子、框锯、钉锤、螺丝刀、卷尺直尺、电钻、电锯、气钉枪、空气压缩机(简称空压机)、红外线水平仪……虽然老爸是木匠,可能够见到他工作的机会并不多，我"有幸"亲眼见识了一回。

　　一天下午，老爸到邻居家做阳台的吊顶，让我帮忙给他递工具。老爸架好脚手架，爬上去测量墙四周的长度。确定好位置后，老爸便开始做四周的边框。他把电钻通上电，对每一面墙都实施了"毁容"——也就是打洞，一阵阵如机枪发射子弹般的"突突"声让我心惊胆战。打完洞后，老爸用钉锤把木条一一锤进打出来的孔里，方便待会儿拧螺丝。接着，他拿出材料，用框锯把它们锯成量好的长度，然后便开始固定。老爸一手扶着材料，一手用螺丝刀对准之前打好的孔，把材料用螺丝固定住，两边的材料接头处要削成四十五度角才能吻合。在老爸忙碌时，我在一边观察。我发现，他移动脚手架时不用下地，而是直接用脚发力，他的脚一动，脚手架便乖乖地听话了。这招堪称神技啊！

　　接下来该做中间部分了。老爸把空压机通上电，又拿来一些长木条，等空压机压好空气后，便把它和气钉枪连接。他一只手把长木条扶在天花板上，另一只手用气钉枪对准长木条。只听一声如鞭炮爆炸般的声音，压缩的空气让钉子牢牢地将长木条和天花板固定在了一起，同时也吹落了天花板上的一些墙皮，那场面，犹如"天女散花"。反复几次之后，几根长木条与天花板紧密地连在了一起。

　　下一步是最重要的部分，要用框锯把塑钢板锯成合适的大小，再用螺丝把它们固定在木条上，同时还要卡在边框的凹槽里。这一步做完后，吊顶便完工了，整个房间看上去焕然一新。老爸劳累了一下午，终于看到了成果。

　　做木匠，免不了发生意外。有一次，电锯把老爸的大拇指割下了一块，其痛苦可想而知。同样是木匠的姑爷有一回不慎从脚手架上摔下来，脊骨骨折。老爸对刮伤擦伤这种小伤并不在意，偶尔，他还会和工友们到外地工作，连新疆也留下了老爸的足迹。

　　这就是我家的木匠老爸，他就像一个巨人，支撑起了这个家庭。

藏 书 记

李家俊

我最爱看科幻类图书，可是爸爸不同意，说什么耽误功课。为了躲过他的监视，我煞费苦心。

一天，我好不容易做完了作业，拿起一本科幻书如饥似渴地读起来。

"儿子，你是不是又在看科幻书了？别不务正业，快去复习，考差了有你好看！"爸爸严厉的话语，犹如一瓢冷水把我兴奋的心泼得凉凉的。

我不敢再看下去，急忙把书藏进被窝，顺手拿起语文书大声读起来。人类大战外星人的漫画实在是太刺激、太吸引人了！爸爸刚走，我又忍不住把科幻书藏到语文课本里看起来！当我完全沉醉于漫画情节时，爸爸悄悄地来到我身后，火冒三丈，狠狠在我屁股上拍了几巴掌，科幻书也被没收了。

中午，我趁爸爸午睡，又偷偷把书拿了回来，抓紧看了两个小时，在爸爸醒来之前，把书放回原处，溜回自己的房间，"专心"做作业。爸爸起床后见我学得很认真，微笑着走了。我忍不住暗笑：这一招还真灵，神不知鬼不觉的。可是科幻书有什么不好的呢？既能学到知识，提高写作能力，还能激发想象力……

就这样，我经常和爸爸玩躲猫猫——把书藏起来读。直到有一天电视里播放天文知识竞赛节目，我和爸爸比赛看谁答得对，答得多时，爸爸一败涂地，我大获全胜。爸爸十分惊讶，问我怎么懂得那么多，我就把这个秘密告诉他了。他笑着轻轻刮了一下我的小鼻子，说："你小子还真鬼！"

从此，我不用再把书藏起来看了，爸爸还专门为我订了好几本科幻期刊呢！

多说一声"谢谢"

陈一航

今天是开学第一天，我第一次到食堂买饭。

食堂里人满为患，你推我，我挤他。桌子已经被占满了，甚至还有好多人为了一个座位而争吵起来。离窗口近的座位已被高年级的同学占了。

一共十六个营业窗口，有一个窗口前挤满了人，我们根本看不到卖的是什么。同学拉着我也去排队。陆陆续续地有人端着盘子走出来，原来是菜浇饭，也听到了一些评论，原来这个师傅做的饭，不仅味道好，而且给的多，每个同学端出来的盘子都是满满的。难怪呢，这里排队的人最多。我排在最后面，根本看不到在里面忙碌的师傅。只有耳边不断传来的吆喝声："别急别急啊，每个人都有份！"……

过了一会儿，终于轮到了我。我看到了那个正在忙碌的中年男子。他看上去有四十多岁，中等个子，体型微胖，头戴一顶白色的厨师帽，穿了一件洗得发白的蓝色衬衫，腰上系了一条白围裙，上面沾了许多不和谐的油渍。他低着头，那双有着烫伤痕迹的大手忙个不停。

"小同学，你要什么菜？""哦，我……我要……这个、那个……嗯，就这些了。"他一边听一边忙着，等我一说完，他已把饭菜盛好了。接过这香气诱人的食物，我下意识地说了声"谢谢！"

只是很普通的一句话罢了，没料到他愣了一下，放下手里的饭勺：把手在围裙上擦了擦，向我绽放了一个笑容，扯着他那嘶哑而干裂的喉咙，用疲惫的声音也极为真诚地对我说了句"不用……不用谢！"

坐在餐桌旁，感到心里甜甜的，餐厅好像一下子明亮了许多，同学们好像也不那么挤了，饭吃起来感觉很香。原来快乐如此简单。

可是，从他这么大的反应中我看出了一个问题：我们的同学一定不经常说这个极为普通却能拉近彼此关系的词。

我想，每个人都希望别人对自己的劳动成果表示一份肯定，就像那位给我打饭的师傅，做着最普通的职业，不需要什么高科技，也不需要多少专业知识，只是做几个最普通的家常菜。但是，我们的生活能够有序地进行，不正是因为有了这么多普普通通的人们吗？在学校里，如果没有厨师，我们就会饿肚子；如果没有清洁工，校园就会到处是垃圾；如果没有管理员，我们的宿舍就会一团糟……正是这些普普通通的人，做着这些普普通通的工作，我们才能正常学习，我们的父母才能安心工作，社会才能和谐稳定。

他们用自己勤劳的双手为社会做出了贡献，让我们多说一声"谢谢"吧，送给这些为我们默默付出的人。我们中国自古就是礼仪之邦，既有法国人的浪漫也有英国人的优雅。希望大家能够对别人的劳动成果表示一份肯定与赞赏，对劳动者表示一点儿尊敬和感激。让我们这个五千年古国成为名副其实的"文明之邦"。

我爱家乡的"牛舞"

邢培培

家乡的"牛舞"真是妙趣横生。

我们通州市民广场上,彩灯似海,人流如潮。"金牛闹春"的"牛舞"拉开了元宵晚会大联欢的序幕。

踩着骤雨般的鼓点,两头"金牛"一纵一纵地跳上了舞台,好不威武雄壮。你看,它俩全身金光闪闪,好像披上了"黄金甲"。头上一对弯弯的大角似刀刃一样锋利,好似随时准备决斗。一双圆溜溜的大眼睛犹如熊熊燃烧的火焰,喷射着灼人的激情。四蹄落地,像柱子一样充满"牛"劲。一条钢鞭似的尾巴,在屁股后一翘一翘的,好像在炫耀:"看我,多牛!"

"金牛"在舞台中央摇头晃脑,扬鼻摆尾;胖胖的大屁股左右扭动;腿儿忽而上、忽而下、忽而左、忽而右地跳跃;两只乒乓球似的圆眼睛忽闪忽闪的,好像天上两颗闪亮的星星;宽阔的嘴巴一张一合,又如在和春姑娘尽情歌唱。它们那一招一式,仿佛在绿毯似的田野上上演着一支"金牛迪斯科"。

随着舞点节奏的加快,"牛舞"的动作越来越快:旋风一样,是它们飞扬的尾巴;乱蛙一样,是它们蹦跳的步伐;火花一样,是它们闪闪的瞳仁;斗虎一样,是它们强健的英姿……多么豪放,多么火烈的"牛舞"哇，抒发着它们热烈拥抱春天的激情。

突然，两头"金牛"停止了舞蹈，仰望着星空，静立不动。它们是在回味春天田野上的无限乐趣，是在倾听远方春雷的深情召唤，还是在用心描绘大闹春耕的宏伟蓝图？

这时，它们又不约而同地低下头来，耸起肩膀，蹬着四蹄，卷起尾巴，身上每块肌肉都鼓凸起来，拉着犁铧，奋力前进。在它们开拓进取的身后，似乎掀起了滔滔的犁花，金色的麦浪，万众一心、共奔小康的滚滚春潮……

啊！好一支"金牛闹春"舞哇，让人们的心儿醉了。我爱家乡的"牛舞"！

多变的班长

李宗雪

都说齐天大圣孙悟空会七十二变，我们班的班长小明虽然不是孙悟空，但他却有孙悟空的本领。这天，上课铃响了，小明清了清嗓子，摆出一副高高在上的架势说："这节课，咱们老师去开会了。老师让我带你们巩固一下上节课学习的新知识。"一听这话，教室里瞬间沸腾了起来。你看，那边的王晓丽拿出了她爱不释手的梳妆盒，竟然梳起了头发；赵小青左手拿可乐，右手拿汉堡，在那儿细嚼慢咽，看起来还很享受呢！小明班长忍不住了，连珠炮般地说："你们都在干吗呢？当我这个班长是空气吗？我说的话都没听见是吧？知识都学会了？练习题都做完了？"哎哟哟，他这一连串问句，听得我们眼前直冒金星。继续往下听，人家又给咱们来了一番教育："你们说，老师们容易吗？他们整天起早贪黑地给我们上课，家里的孩子都不管，你们就是这样回报老师的？我们整天背书都会背到'尊师重教'，可是咱们尊重老师了吗？没有！我们没有！你们这样上课打闹、玩儿、吃、梳头发，干什么的都有，这就叫尊师重教了吗？"班长这一番话，说得我们心服口服，大家都受了感染，认真做起题来。

别看班长上课气势汹汹，只要一下课，他就像变了一个人。

"哎呀，小美，给我点儿呗！"这是小明在装可怜的小猫咪呢！他在向小美要什么呢？过去一看，原来，小美的手里正拿着麻辣土豆条，而小明的眼睛则直勾勾地盯着土豆条看。瞧他那垂涎三尺的模样，跟上课时那个小明班长简直判若两人。小美见他怪可怜的，便撑开袋子让他拿。嗬！这一拿不要紧，他拿了一大把，一溜烟儿跑开，躲到角落里吃独食去了！

唉，我们班的这位小明，一会儿变成威风凛凛的班长，一会儿又变成贪吃的小馋猫，让我说他什么好呢？

儿时的伙伴——泡桐树

赵鼎力

小时候，我跟爸爸妈妈住在西安老机场大院一栋三层红砖楼的顶楼。楼下有一排又粗、又壮、又高、又大的泡桐树，树枝都伸到了我家的窗台和阳台上。泡桐树的花朵和树叶不仅给整栋楼带来了香气和凉爽，还给我的童年带来了甜蜜的回忆。

春天，泡桐树的每根枝条都开出了一串串粉白色、喇叭状的花。一天，小饭桌的朋友告诉我，泡桐花的花蜜很甜，可以吸食，我可开心了。那天放学后，我迅速跑回院子，从地上捡了一朵比较新鲜的花，把花的尾部放在嘴里就吸。咦？没有想象中那么甜呀。于是，我看向枝头，把目光锁定在了那些特别饱满的花朵上。可枝条太高了，我够不着。我捡起地上的小石子，好不容易才砸中了一朵花，让它掉落下来。我捡起那朵花吸了一下，太甜了！

我兴奋地跑回家，将这个发现告诉爸爸。聪明的爸爸直接走到阳台，打开窗户，拿起撑衣杆一钩，镶满一串串泡桐花的树枝就到了跟前。我直接拿手摘花，贪婪地吸了一朵又一朵，觉得一朵比一朵甜。

夏天，等泡桐花落完，一片片翠绿的泡桐叶就越长越大，盖住了楼顶和阳台。早上，我在鸟鸣中醒来，去阳台早读；傍晚，我在凉爽的阳台和爸爸妈妈一起阅读。感谢泡桐，给我们整栋楼带来了凉爽和快乐。

晚秋，一阵阵寒风吹落了泡桐叶，泡桐树把光秃秃的枝条指向天空，等待着下一个春天的到来。

一年又一年，泡桐树陪着我长大，长高。谢谢你，我儿时最好的伙伴。